PAUL VERLAINE

Conserver la Couverture

JADIS ET NAGUÈRE

PARIS

LÉON VANIER, LIBRAIRE-ÉDITEUR

19, QUAI SAINT-MICHEL, 19

1891

Tous droits réservés.

JADIS ET NAGUÈRE

PAUL VERLAINE

JADIS ET NAGUÈRE

NOUVELLE ÉDITION

PARIS

LÉON VANIER, LIBRAIRE-ÉDITEUR

19, QUAI SAINT-MICHEL, 19

1891

Tous droits réservés.

JADIS

PROLOGUE

En route, mauvaise troupe !
Partez, mes enfants perdus !
Ces loisirs vous étaient dûs :
La Chimère tend sa croupe.

Partez, grimpés sur son dos,
Comme essaime un vol de rêves
D'un malade dans les brèves
Fleurs vagues de ses rideaux.

Ma main tiède qui s'agite
Faible encore, mais enfin
Sans fièvre, et qui ne palpite
Plus que d'un effort divin,

Ma main vous bénit, petites
Mouches de mes soleils noirs
Et de mes nuits blanches. Vites,
Partez, petits désespoirs,

Petits espoirs, douleurs, joies,
Que dès hier renia
Mon cœur quêtant d'autres proies...
Allez, ægri somnia.

SONNETS ET AUTRES VERS

A la louange de Laure et de Pétrarque

Chose italienne où Shakspeare a passé
Mais que Ronsard fit superbement française,
Fine basilique au large diocèse,
Saint-Pierre-des-Vers, immense et condensé,

Elle, la marraine, et Lui qui t'a pensé,
Dogme entier toujours debout sous l'exégèse
Même edmondschéresque ou francisquesarceyse,
Sonnet, force acquise et trésor amassé,

Ceux-là sont très bons et toujours vénérables,
Ayant procuré leur luxe aux misérables
Et l'or fou qui sied aux pauvres glorieux.

Aux poètes fiers comme les gueux d'Espagne,
Aux vierges qu'exalte un rythme exact, aux yeux
Épris d'ordre, aux cœurs qu'un vœu chaste accompagne.

PIERROT

A Léon Valade

Ce n'est plus le rêveur lunaire du vieil air
Qui riait aux aïeux dans les dessus de portes ;
Sa gaité, comme sa chandelle, hélas ! est morte,
Et son spectre aujourd'hui nous hante, mince et clair.

Et voici que parmi l'effroi d'un long éclair
Sa pâle blouse a l'air, au vent froid qui l'emporte,
D'un linceul, et sa bouche est béante, de sorte
Qu'il semble hurler sous les morsures du ver.

Avec le bruit d'un vol d'oiseaux de nuit qui passe,
Ses manches blanches font vaguement par l'espace
Des signes fous auxquels personne ne répond.

Ses yeux sont deux grands trous où rampe du phosphore
Et la farine rend plus effroyable encore
Sa face exsangue au nez pointu de moribond.

KALÉIDOSCOPE

A Germain Nouveau

Dans une rue, au cœur d'une ville de rêve,
Ce sera comme quand on a déjà vécu :
Un instant à la fois très vague et très aigu...
O ce soleil parmi la brume qui se lève !

O ce cri sur la mer, cette voix dans les bois !
Ce sera comme quand on ignore des causes :
Un lent réveil après bien des métempsycoses :
Les choses seront plus les mêmes qu'autrefois

Dans cette rue, au cœur de la ville magique
Où des orgues moudront des gigues dans les soirs,
Où les cafés auront des chats sur les dressoirs,
Et que traverseront des bandes de musique.

Ce sera si fatal qu'on en croira mourir :
Des larmes ruisselant douces le long des joues,
Des rires sanglotés dans le fracas des roues,
Des invocations à la mort de venir.

Des mots anciens comme un bouquet de fleurs fanées !
Les bruits aigres des bals publics arriveront,
Et des veuves avec du cuivre après leur front,
Paysannes, fendront la foule des trainées

Qui flânent là, causant avec d'affreux moutards
Et des vieux sans sourcils que la dartre enfarine,
Cependant qu'à deux pas, dans des senteurs d'urine,
Quelque fête publique enverra des pétards.

Ce sera comme quand on rêve et qu'on s'éveille !
Et que l'on se rendort et que l'on rêve encor
De la même féerie et du même décor,
L'été, dans l'herbe, au bruit moiré d'un vol d'abeille.

INTÉRIEUR

A grands plis sombres une ample tapisserie
De haute lice, avec emphase descendrait
Le long des quatre murs immenses d'un retrait
Mystérieux où l'ombre au luxe se marie.

Les meubles vieux, d'étoffe éclatante flétrie,
Le lit entr'aperçu vague comme un regret,
Tout aurait l'attitude et l'âge du secret,
Et l'esprit se perdrait en quelque allégorie.

Ni livres, ni tableaux, ni fleurs, ni clavecins ;
Seule, à travers les fonds obscurs, sur des coussins,
Une apparition bleue et blanche de femme

Tristement sourirait — inquiétant témoin —
Au lent écho d'un chant lointain d'épithalame,
Dans une obsession de musc et de benjoin.

DIZAIN MIL HUIT CENT TRENTE

Je suis né romantique et j'eusse été fatal
En un frac très étroit aux boutons de métal,
Avec ma barbe en pointe et mes cheveux en brosse.
Hablant espanol, très loyal et très féroce,
L'œil idoine à l'œillade et chargé de défis.
Beautés mises à mal et bourgeois déconfits
Eussent bondé ma vie et soûlé mon cœur d'homme.
Pâle et jaune, d'ailleurs, et taciturne comme
Un infant scrofuleux dans un Escurial...
Et puis j'eusse été si féroce et si loyal !

A HORATIO

Ami, le temps n'est plus des guitares, des plumes,
Des créanciers, des duels hilares à propos
De rien, des cabarets, 'es pipes aux chapeaux
Et de cette gaîté banale où nous nous plûmes.

Voici venir, ami très tendre qui t'allumes
Au moindre dé pipé, mon doux briseur de pots,
Horatio. terreur et gloire des tripots,
Cher diseur de jurons à remplir cent volumes.

Voici venir parmi les brumes d'Elseneur
Quelque chose de moins plaisant, sur mon honneur.
Qu'Ophélia, l'enfant aimable qui s'étonne.

C'est le spectre, le spectre impérieux! Sa main
Montre un but et son œil éclaire et son pied tonne.
Hélas! et nul moyen de remettre à demain!

SONNET BOITEUX

A Ernest Delahaye

Ah ! vraiment c'est triste, ah ! vraiment ça finit trop mal.
Il n'est pas permis d'être à ce point infortuné.
Ah ! vraiment c'est trop la mort du naïf animal
Qui voit tout son sang couler sous son regard fané.

Londres fume et crie. O quelle ville de la Bible !
Le gaz flambe et nage et les enseignes sont vermeilles.
Et les maisons dans leur ratatinement terrible
Épouvantent comme un sénat de petites vieilles.

Tout l'affreux passé saute, piaule, miaule et glapit
Dans le brouillard rose et jaune et sale des *sohos*
Avec des *indeeds* et des *all rights* et des *hâos*.

Non vraiment c'est trop un martyre sans espérance,
Non vraiment cela finit trop mal, vraiment c'est triste :
O le feu du ciel sur cette ville de la Bible !

LE CLOWN

A Laurent Tailhade

Bobèche, adieu ! bonsoir. Paillasse ! arrière, Gille !
Place, bouffons vieillis, au parfait plaisantin,
Place ! très grave, très discret et très hautain,
Voici venir le maître à tous, le clown agile

Plus souple qu'Arlequin et plus brave qu'Achille.
C'est bien lui, dans sa blanche armure de satin ;
Vides et clairs ainsi que des miroirs sans tain.
Ses yeux ne vivent pas dans son masque d'argile.

Ils luisent bleus parmi le fard et les onguents,
Cependant que la tête et le buste, élégants,
Se balancent sur l'arc paradoxal des jambes.

Puis il sourit. Autour le peuple bête et laid,
La canaille puante et *sainte* des Iambes
Acclame l'histrion sinistre qui la hait.

Ecrit sur l'Album de Mme N. de V.

Des yeux tout autour de la tête
Ainsi qu'il est dit dans Murger.
Point très bonne. Un esprit d'enfer
Avec des rires d'alouette.

Sculpteur, musicien, poète
Sont ses hôtes. Dieux quel hiver
Nous passâmes ! Ce fut amer
Et doux. Un sabbat ! Une fête !

Ses cheveux, noir tas sauvage où
Scintille un barbare bijou,
La font reine et la font fantoche.

Ayant vu cet ange pervers,
« Oùsqu'est mon sonnet ? » dit Arvers
Et Chilpéric dit : « Sapristoche ! »

LE SQUELETTE

A Albert Mérat

Deux reitres saouls, courant les champs, virent parmi
La fange d'un fossé profond, une carcasse
Humaine dont la faim torve d'un loup fugace
Venait de disloquer l'ossa ire à demi.

La tête, intacte, avait ce rictus ennemi
Qui nous attriste, nous énerve et nous agace.
Or, peu mystiques, nos capitaines Fracasse
Songèrent (John Falstaff lui-même en eût frémi)

Qu'ils avaient bu, que tout vin bu filtre et s'égoutte,
Et qu'en outre ce mort avec son chef béant
Ne serait pas fâché de boire aussi, sans doute.

Mais comme il ne faut pas insulter au Néant,
Le squelette s'étant dressé sur son séant
Fit signe qu'ils pouvaient continuer leur route.

Et nous voilà très doux à la bêtise humaine,
Lui pardonnant vraiment et même un peu touchés
De sa candeur extrême et des torts très légers
Dans le fond qu'elle assume et du train qu'elle mène.

Pauvres gens que les gens ! Mourir pour Célimène,
Épouser Angélique ou venir de nuit chez
Agnès et la briser, et tous les sots péchés,
Tel est l'Amour encor plus faible que la Haine !

L'Ambition, l'Orgueil, des tours dont vous tombez,
Le Vin, qui vous imbibe et vous tord imbibés,
L'Argent, le Jeu, le Crime, un tas de pauvres crimes !

C'est pourquoi mon très cher Mérat, Mérat et moi,
Nous étant dépouillés de tout banal émoi,
Vivons dans un dandysme épris des seules Rimes !

ART POÉTIQUE

A Charles Morice

De la musique avant toute chose,
Et pour cela préfère l'Impair
Plus vague et plus soluble dans l'air,
Sans rien en lui qui pèse ou qui pose.

Il faut aussi que tu n'ailles point
Choisir tes mots sans quelque méprise :
Rien de plus cher que la chanson grise
Où l'Indécis au Précis se joint.

C'est des beaux yeux derrière des voiles,
C'est le grand jour tremblant de midi.
C'est, par un ciel d'automne attiédi,
Le bleu fouillis des claires étoiles !

Car nous voulons la Nuance encor,
Pas la Couleur, rien que la nuance !
Oh ! la nuance seule fiance
Le rêve au rêve et la flûte au cor !

Fuis du plus loin la Pointe assassine,
L'Esprit cruel et le rire impur,
Qui font pleurer les yeux de l'Azur,
Et tout cet ail de basse cuisine !

Prends l'éloquence et tords-lui son cou !
Tu feras bien, en train d'énergie,
De rendre un peu la Rime assagie.
Si l'on n'y veille, elle ira jusqu'où ?

O qui dira les torts de la Rime !
Quel enfant sourd ou quel nègre fou
Nous a forgé ce bijou d'un sou
Qui sonne creux et faux sous la lime ?

De la musique encore et toujours !
Que ton vers soit la chose envolée
Qu'on sent qui fuit d'une âme en allée
Vers d'autres cieux à d'autres amours.

Que ton vers soit la bonne aventure
Éparse au vent crispé du matin
Qui va fleurant la menthe et le thym...
Et tout le reste est littérature.

LE PITRE

Le tréteau qu'un orchestre emphatique secoue
Grince sous les grands pieds du maigre baladin
Qui harangue non sans finesse et sans dédain
Les badauds piétinant devant lui dans la boue.

Le plâtre de son front et le fard de sa joue
Font merveille. Il pérore et se tait tout soudain,
Reçoit des coups de pieds au derrière, badin
Baise au cou sa commère énorme, et fait la roue.

Ses boniments, de cœur et d'âme approuvons-les.
Son court pourpoint de toile à fleurs et ses mollets
Tournants jusqu'à l'abus valent que l'on s'arrête.

Mais ce qui sied à tous d'admirer, c'est surtout
Cette perruque d'où se dresse sur la tête,
Preste, une queue avec un papillon au bout.

ALLÉGORIE

A Jules Valadon

Despotique, pesant, incolore, l'Été,
Comme un roi fainéant présidant un supplice,
S'étire par l'ardeur blanche du ciel complice
Et bâille. L'homme dort loin du travail quitté.

L'alouette au matin, lasse n'a pas chanté.
Pas un nuage, pas un souffle, rien qui plisse
Ou ride cet azur implacablement lisse
Où le silence bout dans l'immobilité.

L'âpre engourdissement a gagné les cigales
Et sur leur lit étroit de pierres inégales
Les ruisseaux à moitié taris ne sautent plus.

Une rotation incessante de moires
Lumineuses étend ses flux et ses reflux...
Des guêpes, çà et là volent, jaunes et noires.

L'AUBERGE

A Jean Moréas

Murs blancs, toit rouge, c'est l'Auberge fraîche au bord
Du grand chemin poudreux où le pied brûle et saigne,
L'auberge gaie avec le *Bonheur* pour enseigne.
Vin bleu, pain tendre, et pas besoin de passeport.

Ici l'on fume, ici l'on chante, ici l'on dort.
L'hôte est un vieux soldat, et l'hôtesse qui peigne
Et lave dix marmots roses et pleins de teigne
Parle d'amour, de joie et d'aise, et n'a pas tort !

La salle au noir plafond de poutres, aux images
Violentes, *Maleck Adel* et les *Rois Mages*,
Vous accueille d'un bon parfum de soupe aux choux.

Entendez-vous ? C'est la marmite qu'accompagne
L'horloge du tic tac allègre de son pouls.
Et la fenêtre s'ouvre au loin sur la campagne.

CIRCONSPECTION

A Gaston Sénéchal

Donne ta main, retiens ton souffle, asseyons-nous
Sous cet arbre géant où vient mourir la brise
En soupirs inégaux sous la ramure grise
Que caresse le clair de lune blême et doux.

Immobiles, baissons nos yeux vers nos genoux.
Ne pensons pas, rêvons. Laissons faire à leur guise
Le bonheur qui s'enfuit et l'amour qui s'épuise,
Et nos cheveux frôlés par l'aile des hiboux.

Oublions d'espérer. Discrète et contenue,
Que l'âme de chacun de nous deux continue
Ce calme et cette mort sereine du soleil.

Restons silencieux parmi la paix nocturne :
Il n'est pas bon d'aller troubler dans son sommeil
La nature, ce dieu féroce et taciturne.

VERS POUR ÊTRE CALOMNIÉ

A Charles Vignier

Ce soir je m'étais penché sur ton sommeil.
Tout ton corps dormait chaste sur l'humble lit,
Et j'ai vu, comme un qui s'applique et qui lit,
Ah ! j'ai vu que tout est vain sous le soleil !

Qu'on vive, ô quelle délicate merveille,
Tant notre appareil est une fleur qui plie !
O pensée aboutissant à la folie !
Va, pauvre, dors, moi, l'effroi pour toi m'éveille.

Ah ! misère de t'aimer, mon frêle amour
Qui vas respirant comme on respire un jour !
O regard fermé que la mort fera tel !

O bouche qui ris en songe sur ma bouche,
En attendant l'autre rire plus farouche !
Vite, éveille-toi. Dis, l'âme est immortelle ?

LUXURES

A Léo Trézenik

Chair ! ô seul fruit mordu des vergers d'ici-bas,
Fruit amer et sucré qui jutes aux dents seules
Des affamés du seul amour, bouches ou gueules,
Et bon dessert des forts, et leurs joyeux repas,

Amour ! le seul émoi de ceux que n'émeut pas
L'horreur de vivre, Amour qui presses sous tes meules
Les scrupules des libertins et des bégueules
Pour le pain des damnés qu'élisent les sabbats,

Amour, tu m'apparais aussi comme un beau pâtre
Dont rêve la fileuse assise auprès de l'âtre
Les soirs d'hiver dans la chaleur d'un sarment clair,

Et la fileuse c'est la Chair, et l'heure tinte
Où le rêve étreindra la rêveuse, — heure sainte
Ou non ! qu'importe à votre extase, Amour et Chair ?

VENDANGES

A Georges Rall

Les choses qui chantent dans la tête
Alors que la mémoire est absente,
Écoutez ! c'est notre sang qui chante...
O musique lointaine et discrète !

Ecoutez ! c'est notre sang qui pleure
Alors que notre âme s'est enfuie
D'une voix jusqu'alors inouïe
Et qui va se taire tout à l'heure.

Frère du sang de la vigne rose,
Frère du vin de la veine noire,
O vin, ô sang, c'est l'apothéose !

Chantez, pleurez ! Chassez la mémoire
Et chassez l'âme, et jusqu'aux ténèbres
Magnétisez nos pauvres vertèbres.

IMAGES D'UN SOU

A Léon Dierx

De toutes les douleurs douces
Je compose mes magies !
Paul, les paupières rougies,
Erre seul aux Pamplemousses.
La Folle-par-amour chante
Une ariette touchante.
C'est la mère qui s'alarme
De sa fille fiancée.
C'est l'épouse délaissée
Qui prend un sévère charme
A s'exagérer l'attente
Et demeure palpitante.
C'est l'amitié qu'on néglige
Et qui se croit méconnue.
C'est toute angoisse ingénue,
C'est tout bonheur qui s'afflige :

L'enfant qui s'éveille et pleure,
Le prisonnier qui voit l'heure,
Les sanglots des tourterelles,
La plainte des jeunes filles.
C'est l'appel des Inésilles
— Que gardent dans des tourelles
De bons vieux oncles avares —
A tous sonneurs de guitares.
Voici Damon qui soupire
La tendresse à Geneviève
De Brabant qui fait ce rêve
D'exercer un chaste empire
Dont elle-même se pâme
Sur la veuve de Pyrame
Tout exprès ressuscitée,
Et la forêt des Ardennes
Sent circuler dans ses veines
La flamme persécutée
De ces princesses errantes
Sous les branches murmurantes,
Et madame Malbrouck monte
A sa tour pour mieux entendre
La viole et la voix tendre
De ce cher trompeur de Comte
Ory qui revient d'Espagne
Sans qu'un doublon l'accompagne.

Mais il s'est couvert de gloire
Aux gorges des Pyrénées
Et combien d'infortunées
Au teint de lys et d'ivoire
Ne fit-il pas à tous risques
Là-bas, parmi les Morisques !...
Toute histoire qui se mouille
De délicieuses larmes,
Fût-ce à travers des chocs d'armes
Aussitôt chez moi s'embrouille,
Se mêle à d'autres encore,
Finalement s'évapore
En capricieuses nues,
Laissant à travers des filtres
Subtiles talismans et philtres
Au fin fond de mes cornues
Au feu de l'amour rougies.
Accourez à mes magies !
C'est très beau. Venez d'aucunes
Et d'aucuns. Entrrez, bagasse !
Cadet-Roussel est paillasse
Et vous dira vos fortunes.
C'est Crédit qui tient la caisse.
Allons vite qu'on se presse !

LES UNS ET LES AUTRES

COMÉDIE DÉDIÉE A

Théodore de Banville

LES UNS ET LES AUTRES

PERSONNAGES :

Myrtil	Mezzetin
Sylvandre	Corydon
Rosalinde	Aminte
Chloris	Bergers, Masques.

La scène se passe dans un parc de Wateau, vers une fin d'après-midi d'été.

Une nombreuse compagnie d'hommes et de femmes est groupée, en de nonchalantes attitudes, autour d'un chanteur costumé en Mezzetin qui s'accompagne doucement sur une mandoline.

SCENE I

Mezzetin, *chantant.*

Puisque tout n'est rien que fables,
Hormis d'aimer ton désir,
Jouis vite du loisir
Que te font des dieux affables.

Puisqu'à ce point se trouva
Facile ta destinée,
Puisque vers toi ramenée
L'Arcadie est proche, — va !

Va ! le vin dans les feuillages
Fait éclater les beaux yeux
Et battre les cœurs joyeux
A l'étroit sous les corsages...

CORYDON

A l'exemple de la cigale nous avons
Chanté...

AMINTE

Si nous allions danser ?

Tous, *moins Myrtil, Rosalinde, Sylvandre et Chloris.*

Nous vous suivons !

(Ils sortent, à l'exception des mêmes.)

SCÈNE II

MYRTIL, ROSALINDE, SYLVANDRE, CHLORIS,

ROSALINDE, *à Myrtil.*

Restons.

CHLORIS, *à Sylvandre.*

Favorisé, vous pouvez dire l'être :
J'aime la danse à m'en jeter par la fenêtre,
Et si je ne vais pas sur l'herbette avec eux
C'est bien pour vous !

(Sylvandre la presse.)

Paix-là ! Que vous êtes fougueux !

(Sortent Sylvandre et Chloris.)

SCÈNE III

MYRTIL, ROSALINDE

ROSALINDE

Parlez-moi.

MYRTIL

De quoi voulez-vous donc que je cause ?
Du passé ? Cela vous ennuierait, et pour cause.
Du présent ? A quoi bon, puisque nous y voilà ?
De l'avenir ? Laissons en paix ces choses-là !

ROSALINDE

Parlez-moi du passé.

MYRTIL

Pourquoi ?

ROSALINDE

C'est mon caprice.
Et fiez-vous à la mémoire adulatrice
Qui va teinter d'azur les plus mornes jadis
Et masque les enfers anciens en paradis.

MYRTIL

Soit donc ! J'évoquerai, ma chère, pour vous plaire,
Ce morne amour qui fut, hélas ! notre chimère,
Regrets sans fin, ennuis profonds, poignants remords,
Et toute la tristesse atroce des jours morts ;

Je dirai nos plus beaux espoirs déçus sans cesse,
Ces deux cœurs dévoués jusques à la bassesse
Et soumis l'un à l'autre, et puis, finalement,
Pour toute récompense et tout remerciement,
Navrés, martyrisés, bafoués l'un par l'autre,
Ma folle jalousie étreinte par la vôtre,
Vos soupçons complétant l'horreur de mes soupçons,
Toutes vos trahisons, toutes mes trahisons !
Oui, puisque ce passé vous flatte et vous agrée,
Ce passé que je lis tracé comme à la craie
Sur le mur ténébreux du souvenir, je veux,
Ce passé tout entier, avec ses désaveux
Et ses explosions de pleurs et de colère,
Vous le redire, afin, ma chère, de vous plaire !

ROSALINDE

Savez-vous que je vous trouve admirable, ainsi
Plein d'indignation élégante ?

MYRTIL, irrité.

Merci !

ROSALINDE

Vous vous exagérez aussi par trop les choses.
Quoi ! pour un peu d'ennui, quelques heures moroses,

Vous lamenter avec ce courroux enfantin !
Moi, je rends grâce au dieu qui me fit ce destin
D'avoir aimé, d'aimer l'ingrat, d'aimer encore
L'ingrat qui tient de sots discours, et qui m'adore
Toujours, ainsi qu'il sied d'ailleurs en ce pays
De Tendre. Oui ! Car malgré vos regards ébahis
Et vos bras de poupée inerte, je suis sûre
Que vous gardez toujours ouverte la blessure
Faite par ces yeux-ci, boudeur, à ce cœur-là.

MYRTIL, *attendri*.

Pourtant le jour où cet amour m'ensorcela
Vous fut autant qu'à moi funeste, mon amie.
Croyez-moi, réveiller la tendresse endormie,
C'est téméraire, et mieux vaudrait pieusement
Respecter jusqu'au bout son assoupissement
Qui ne peut que finir par la mort naturelle.

ROSALINDE

Fou ! par quoi pouvons-nous vivre, sinon par elle ?

MYRTIL, *sincère*.

Alors, mourons !

ROSALINDE

Vivons plutôt ! Fût-ce à tout prix !
Quant à moi, vos aigreurs, vos fureurs, vos mépris,
Qui ne sont, je le sais, qu'un dépit éphémère,
Et cet orgueil qui rend votre parole amère,
J'en veux faire litière à mon amour têtu,
Et je vous aimerai quand même, m'entends-tu ?

MYRTIL

Vous êtes mutinée...

ROSALINDE

Allons, laissez-vous faire !

MYRTIL, *cédant.*

Donc, il le faut !

ROSALINDE

Venez cueillir la primevère
De l'amour renaissant timide après l'hiver.
Quittez ce front chagrin, souriez comme hier
A ma tendresse entière et grande, encor qu'ancienne !

MYRTIL

Ah ! toujours tu m'auras mené, magicienne !

(*Ils sortent. Rentrent Sylvandre et Chloris.*)

SCÈNE IV

SYLVANDRE, CHLORIS

CHLORIS, *courant.*

Non !

SYLVANDRE

Si !

CHLORIS

Je ne veux pas...

SYLVANDRE, *la baisant sur la nuque.*

Dites : je ne veux plus !

(*La tenant embrassée*)

Mais voici, j'ai fixé vos vœux irrésolus

Et le milan affreux tient la pauvre hirondelle.

CHLORIS

Fi ! l'action vilaine ! Au moins rougissez d'elle !
Mais non ! Il rit, il rit !

> (*Pleurnichant pour rire*)

> Ah, oh, hi, que c'est mal !

SYLVANDRE

Tarare ! mais le seul état vraiment normal,
C'est le nôtre, c'est, fous l'un de l'autre, gais, libres,
Jeunes, et méprisant tous autres équilibres
Quelconques, qui ne sont que cloche-pieds piteux,
D'avoir deux cœurs pour un, et, chère âme, un pour deux !

CHLORIS

Que voilà donc, monsieur l'amant, de beau langage !
Vous êtes procureur ou poète, je gage,
Pour ainsi discourir, sans rire, obscurément.

SYLVANDRE

Vous vous moquez avec un babil très charmant,

Et me voici deux fois épris de ma conquête :
Tant d'éclat en vos yeux jolis, et dans la tête
Tant d'esprit ! Du plus fin encore, s'il vous plaît.

CHLORIS

Et si je vous trouvais par hasard bête et laid,
Fier conquérant fictif, grand vainqueur en peinture ?

SYLVANDRE

Alors, n'eussiez-vous pas arrêté l'aventure
De tantôt, qui semblait exclure tout dégoût
Conçu par vous, à mon détriment, après tout ?

CHLORIS

O la fatuité des hommes qu'on n'évince
Pas sur-le-champ ! Allez, allez, la preuve est mince
Que vous invoquez là d'un penchant présumé
De mon cœur pour le vôtre, aspirant bien-aimé.
— Au fait, chacun de nous vainement déblatère
Et, tenez, je vais dire mon caractère,
Pour qu'étant à la fin bien au courant de moi
Si vous souffrez, du moins vous connaissiez pourquoi.
Sachez donc...

SYLVANDRE

Que je meure ici, ma toute belle,
Si j'exige...

CHLORIS

— Sachez d'abord vous taire. — Or celle
Qui vous parle est coquette et folle. Oui, je le suis.
J'aime les jours légers et les frivoles nuits ;
J'aime un ruban qui m'aille, un amant qui me plaise,
Pour les bien détester après tout à mon aise.
Vous, par exemple, vous, monsieur, que je n'ai pas
Naguère tout à fait traité de haut en bas,
Me dussiez-vous tenir pour la pire pécore,
Eh bien, je ne sais pas si je vous souffre encore !

SYLVANDRE, *souriant.*

Dans le doute...

CHLORIS, *coquette, s'enfuyant.*

« Abstiens-toi, » dit l'autre. Je m'abstiens.

SYLVANDRE, *presque naïf.*

Ah ! c'en est trop, je souffre et m'en vais pleurer.

CHLORIS, *touchée, mais gaie.*

                                    Viens,
Enfant, mais souviens-toi que je suis infidèle
Souvent, ou bien plutôt, capricieuse. Telle
Il faut me prendre. Et puis, voyez-vous, nous voici
Tous deux bien amoureux, — car je vous aime aussi, —
Là ! voilà le grand mot lâché ! Mais...

SYLVANDRE

                                   O cruelle
Réticence !

CHLORIS

        Attendez la fin, pauvre cervelle.
Mais, dirais-je, malgré tous nos transports et tous
Nos serments mutuels, solennels, et jaloux
D'être éternels, un dieu malicieux préside
Aux autels de Paphos —

        (Sur un geste de dénégation de Sylvandre.)

                    C'est un fait — et de Gnide.
Telle est la loi qu'Amour à nos cœurs révéla.
L'on n'a pas plutôt dit ceci qu'on fait cela.
Plus tard on se repent, c'est vrai, mais le parjure
A des ailes, et comme il perdrait sa gageure

Celui qui poursuivrait un mensonge envolé !
Qu'y faire? Promener son souci désolé,
Bras ballants, yeux rougis, la tête décoiffée,
A travers monts et vaux, ainsi qu'un autre Orphée,
Gonfler l'air de soupirs et l'océan de pleurs
Par l'indiscrétion de bavardes douleurs?
Non, cent fois non ! Plutôt aimer à l'aventure
Et ne demander pas l'impossible à Nature !
Nous voici, venez-vous de dire, bien épris
L'un de l'autre, soyons heureux, faisons mépris
De tout ce qui n'est pas notre douce folie !
Deux cœurs pour un, un cœur pour deux…je m'y rallie,
Me voici vôtre, tienne !… Êtes-vous rassuré ?
Tout à l'heure j'avais mille fois tort, c'est vrai,
D'ainsi bouder un cœur offert de bonne grâce,
Et c'est moi qui reviens à vous, de guerre lasse.
Donc aimons-nous. Prenez mon cœur avec ma main,
Mais, pour Dieu, n'allons pas songer au lendemain,
Et si ce lendemain doit ne pas être aimable,
Sachons que tout bonheur repose sur le sable,
Qu'en amour il n'est pas de malhonnêtes gens,
Et surtout soyons-nous l'un à l'autre indulgents.
Cela vous plaît ?

SYLVANDRE

Cela me plairait si…

SCÈNE V

LES PRÉCÉDENTS, MYRTIL

MYRTIL, *survenant.*

Madame
A raison. Son discours serait l'épithalame
Que j'eusse proféré si.

CHLORIS

Cela fait deux « si »,
C'est un de trop.

MYRTIL, *à Chloris.*

Je pense absolument ainsi
Que vous.

CHLORIS *à Sylvandre.*

Et vous, monsieur ?

SYLVANDRE

La vérité m'oblige...

CHLORIS, *au même.*

Et quoi, monsieur, déjà si tiède !...

MYRTIL, *à Chloris.*

       L'homme-lige
Qu'il vous faut, ô Chloris, c'est moi...

SCÈNE VI

LES PRÉCÉDENTS, ROSALINDE

ROSALINDE, *survenant.*

       Salut ! je suis
Alors, puisqu'il le faut décidément, depuis
Tous ces étonnements où notre cœur se joue,
A votre chariot la cinquième roue.

     (à Myrtil.)

Je vous rends vos serments anciens et les nouveaux
Et les récents, les vrais aussi bien que les faux.

MYRTIL, *au bras de Chloris et protestant
comme par manière d'acquit.*

Chère !

ROSALINDE

Vous n'avez pas besoin de vous défendre,
Car me voici l'amie intime de Sylvandre.

SYLVANDRE, *ravi, surpris, et léger.*

O doux Charybde après un aimable Scylla !
Mais celle-ci va faire ainsi que celle-là
Sans doute, et toutes deux, adorables coquettes
Dont les caprices sont bel et bien des raquettes
Joueront avec mon cœur, je le crains, au volant.

CHLORIS, *à Sylvandre.*

Fat !

ROSALINDE, *au même.*

Ingrat !

MYRTIL, *au même.*

Insolent !

SYLVANDRE, *à Myrtil.*

Quant à cet « insolent »,

Ami cher, mes griefs sont au moins réciproques
Et s'il est vrai que nous te vexions, tu nous choques.

> *(A Rosalinde et à Chloris.)*

Mesdames, je suis votre esclave à toutes deux.
Mais mon cœur qui se cabre aux chemins hasardeux
Est un méchant cheval réfractaire à la bride
Qui devant tout péril connu s'enfuit, rapide.
A tous crins, s'allât-il rompre le col plus loin.

> *(A Rosalinde.)*

Or donc, si vous avez, Rosalinde, besoin
Pour un voyage au bleu pays des fantaisies
D'un franc coursier, gourmand de provendes choisies
Et quelque peu fringant, mais jamais rebuté,
Chevauchez à loisir ma bonne volonté.

MYRTIL

La déclaration est un tant soit peu roide.
Mais, bah ! chat échaudé craint l'eau, fût-elle froide.

> *(A Rosalinde.)*

N'est-ce pas, Rosalinde, et vous le savez bien
Que ce chat-là surtout, c'est moi.

ROSALINDE

Je ne sais rien.

MYRTIL

Et puisqu'en ce conflit où chacun se rebiffe
Chloris aussi veut bien m'avoir pour hippogriffe
De ses rêves devers la lune ou bien ailleurs,
Me voici tout bridé, couvert d'ailleurs de fleurs
Charmantes aux odeurs puissantes et divines
Dont je sentirai tôt ou tard les épines,

(à Chloris.)

Madame, n'est-ce pas ?

CHLORIS

Taisez-vous et m'aimez.
Adieu, Sylvandre !

ROSALINDE

Adieu, Myrtil !

MYRTIL, *à Rosalinde.*

Est-ce à jamais ?

SYLVANDRE, *à Chloris.*

C'est pour toujours !

ROSALINDE

Adieu, Myrtil !

CHLORIS

Adieu, Sylvandre !

(Sortent Sylvandre et Rosalinde.)

SCÈNE VII

MYRTIL, CHLORIS

CHLORIS

C'est donc que vous avez de l'amour à revendre
Pour, le joug d'une amante irritée écarté,
Vous tourner aussitôt vers ma faible beauté ?

MYRTIL

Croyez-vous qu'elle soit à ce point offensée ?

CHLORIS

Qui ? ma beauté ?

MYRTIL.

Non. L'autre...

CHLORIS

                              Ah ! — J'avais la pensée
Bien autre part, je vous l'avoue, et m'attendais
A quelque madrigal un peu compliqué, mais
Sans doute vous vouiez parler de Rosalinde
Et du courroux auquel son cœur crispé se guinde...
N'en doutez pas, elle est vexée horriblement.

MYRTIL

En êtes-vous bien sûre ?

CHLORIS

                              Ah çà, pour un amant
Tout récemment élu, sur sa chaude supplique
Encore ! et dans un tel concours mélancolique
Malgré qu'un tant soit peu plaisant d'événements,
Ne pouvez-vous pas mieux employer les moments
Premiers de nos premiers amours, ô cher Thésée,
Qu'à vous préoccuper d'Ariane laissée ?

— Mais taisons cela, quitte à plus tard en parler. —
Eh oui, là je vous jure, à ne vous rien céler,
Que Rosalinde éprise encor d'un infidèle,
Trépigne, peste, enrage, et sa rancœur est telle
Qu'elle m'en a pris mon Sylvandre de dépit.

MYRTIL

Et vous regrettez fort Sylvandre ?

CHLORIS

Mal lui prit,
Que je crois, de tomber sur votre ancienne amie ?

MYRTIL

Et pourquoi ?

CHLORIS

Faux naïf ! je ne le dirai mie.

MYRTIL

Mais regrettez-vous fort Sylvandre ?

CHLORIS

M'aimez-vous,
Vous ?

MYRTIL

Vos yeux sont si beaux, votre...

CHLORIS

Êtes-vous jaloux
De Sylvandre ?

MYRTIL, *très vivement.*

O oui !

(Se reprenant.)

Mais au passé, chère belle.

CHLORIS

Allons, un tel aveu, bien que tardif, s'appelle
Une galanterie et je l'admets ainsi.
Donc vous m'aimez ?

MYRTIL, *distrait, après un silence.*

O oui !

CHLORIS

Quel amoureux transi
Vous seriez si d'ailleurs vous l'étiez de moi !

MYRTIL, *même jeu que précédemment.*

Douce

Amie !

CHLORIS

Ah, que c'est froid ! « Douce amie ! » Il vous trousse
Un compliment banal et prend un air vainqueur !
J'aurai longtemps vos « oui » de tantôt sur le cœur.

MYTIL, *indolemment.*

Permettez...

CHLORIS

Mais voici Rosalinde et Sylvandre.

MYRTIL, *comme réveillé en sursaut.*

Rosalinde !

CHLORIS

Et Sylvandre. Et quel besoin de fendre
Ainsi l'air de vos bras en façon de moulin ?
Ils débusquent. Tournons vite le terre-plein
Et vidons, s'il vous plait, ailleurs cette querelle.

(Ils sortent.)

SCÈNE VIII

SYLVANDRE, ROSALINDE

SYLVANDRE

Et voilà mon histoire en deux mots.

ROSALINDE

                                 Elle est telle
Que j'y lis à l'envers l'histoire de Myrtil.
Par un pressentiment inquiet et subtil
Vous redoutez l'amour qui venait et sa lèvre
Aux baisers inconnus encore, et lui qu'enfièvre
Le souvenir d'un vieil amour désenlacé,
Stupide autant qu'ingrat, il a peur du passé,
Et tous deux avez tort, allez Sylvandre.

SYLVANDRE

Dites

Qu'il a tort...

ROSALINDE

Non, tous deux, et vous n'êtes pas quittes,
Et tous deux souffrirez, et ce sera bien fait.

SYLVANDRE

Après tout je ne vois que très mal mon forfait
Et j'ignore très bien quel sera mon martyre

(Minaudant.)

A moins que votre cœur...

ROSALINDE

Vous avez tort de rire.

SYLVANDRE

Je ne ris pas, je dis posément d'une part,
Que je ne crois point tant criminel mon départ
D'avec Chloris, coquette aimable mais sujette
A caution, et puis, d'autre part je projette

D'être heureux avec vous qui m'avez bien voulu
Recueillir quand brisé, désemparé, moulu,
Berné par ma maitresse et planté-là par elle
J'allais probablement me brûler la cervelle
Si j'avais eu quelque arme à feu sous mes dix doigts.
Oui je vais vous aimer, je le veux (je le dois
En outre), je vais vous aimer à la folie...
Donc, arrière regrets, dépit, mélancolie !
Je serai votre chien féal, ton petit loup
Bien doux...

ROSALINDE

Vous avez tort de rire, encore un coup.

SYLVANDRE

Encore un coup, je ne ris pas. Je vous adore,
J'idolâtre ta voix si tendrement sonore,
J'aime vos pieds, petits à tenir dans la main,
Qui font un bruit mignard et gai sur le chemin
Et luisent, rêves blancs, sous les pompons des mules.
Quand tes grands yeux, de qui les astres sont émules
Abaissent jusqu'à nous leurs aimables rayons,
Comparable à ces fleurs d'été que nous voyons
Tourner vers le soleil leur fidèle corolle
Lors je tombe en extase et reste sans parole,

Sans vie et sans pensée, éperdu, fou, hagard,
Devant l'éclat charmant et fier de ton regard.
Je frémis à ton souffle exquis comme au vent l'herbe,
O ma charmante, ô ma divine, ô ma superbe,
Et mon âme palpite au bout de tes cils d'or...
— A propos, croyez-vous que Chloris m'aime encor ?

ROSALINDE

Et si je le pensais ?

SYLVANDRE

                    Question saugrenue
En effet !

ROSALINDE

          Voulez-vous la vérité bien nue ?

SYLVANDRE

Non ! Que me fait ? Je suis un sot, et me voici
Confus, et je vous aime uniquement.

ROSALINDE

                              Ainsi,

Cela vous est égal qu'il soit patent, palpable,
Evident, que Chloris vous adore...

SYLVANDRE

Du diable
Si c'est possible ! Elle ! Elle ? Allons donc !

(Soucieux tout à coup, à part.)

Hélas !

ROSALINDE

Quoi,
Vous en doutez ?

SYLVANDRE

Ce cœur volage suit sa loi,
Elle leurre à présent Myrtil...

ROSALINDE, *passionnément.*

Elle le leurre,
Dites-vous ? Mais alors il l'aime !..

SYLVANDRE

Que je meure

Si je comprends ce cri jaloux !

ROSALINDE

Ah, taisez-vous !

SYLVANDRE

Un trompeur ! une folle !

ROSALINDE

Es-tu donc pas jaloux
De Myrtil, toi, hein, dis ?

SYLVANDRE, *comme frappé subitement
d'une idée douloureuse.*

Tiens ! la fâcheuse idée
Mais c'est qu'oui ! me voici l'âme tout obsédée...

ROSALINDE *presque joyeuse.*

Ah, vous êtes jaloux aussi, je savais bien !

SYLVANDRE, *à part.*

Feignons encor.

(A Rosalinde.)

Je vous jure qu'il n'en est rien
Et si vraiment je suis jaloux de quelque chose
Le seul Myrtil du temps jadis en est la cause.

ROSALINDE

Trève de compliments fastidieux. Je suis
Très triste, et vous aussi. Le but que je poursuis
Est le vôtre. Causons de nos deuils identiques.
Des malheureux ce sont, il paraît, les pratiques,
Cela, dit-on, console. Or nous aimons toujours
Vous Chloris, moi Myrtil, sans espoir de retours
Apparents. Entre nous la seule différence
C'est que l'on m'a trahie, et que votre souffrance
A vous vient de vous-même, et n'est qu'un châtiment.
Ai-je tort ?

SYLVANDRE

Vous lisez dans mon cœur couramment,
Chère Chloris, je t'ai méchamment méconnue !
Qui me rendra jamais ta malice ingénue,
Et ta gaité si bonne, et ta grâce, et ton cœur ?

ROSALINDE

Et moi, par un destin bien autrement moqueur,
Je pleure après Myrtil infidèle...

SYLVANDRE

Infidèle !
Mais c'est qu'alors Chloris l'aimerait. O mort d'elle !
J'enrage et je gémis ! Mais ne disiez-vous pas
Tantôt qu'elle m'aimait encore. — O cieux, là-bas,
Regardez, les voilà.

ROSALINDE

Qu'est-ce qu'ils vont se dire ?

(Ils remontent le théâtre.)

SCÈNE IX

LES PRÉCÉDENTS, CHLORIS, MYRTIL.

CHLORIS

Allons, encore un peu de franchise, beau sire

Ténébreux. Avouez votre cas tout à fait.
Le silence, n'est-il pas vrai ? vous étouffait,
Et l'obligation banale où vous vous crûtes
D'imiter à tout bout de champ la voix des flûtes
Pour quelque madrigal bien fade à mon endroit
Vous étouffait, ainsi qu'un pourpoint trop étroit?
Votre cœur qui battait pour elle dut me taire
Par politesse et par prudence son mystère ;
Mais à présent que j'ai presque tout deviné
Pourquoi continuer ce mutisme obstiné ?
Parlez d'elle, cela d'abord sera sincère.
Puis vous souffrirez moins, et, s'il est nécessaire
De vous intéresser aux souffrances d'autrui,
J'ai besoin, en retour, de vous parler de lui !

MYRTIL

Et quoi, vous aussi, vous !

CHLORIS

           Moi-même, hélas ! moi-même
Puis-je encore espérer que mon bien-aimé m'aime?
Nous étions tous les deux Sylvandre, si bien faits
L'un pour l'autre ! Quel sort jaloux, quel dieu mauvais

Fit ce malendu cruel qui nous sépare ?
Hélas, il fut frivole encor plus que barbare
Et son esprit surtout fit que son cœur pécha.

MYRTIL

Espérez, car peut-être il se repent déjà.
Si j'en juge d'après mes remords...

(Il sanglote.)

Et mes larmes !

(Sylvandre et Rosine se pressent la main.)

ROSALINDE, *survenant.*

Les pleurs délicieux ! Cher instant plein de charmes !

MYRTIL

C'est affreux !

CHLORIS

O douleur !

ROSALINDE, *sur la pointe du pied et très bas.*

Chloris !

CHLORIS

Vous étiez-là ?

ROSALINDE

Le sort capricieux qui nous désassembla
A remis, faisant trève à son ire inhumaine,
Sylvandre en bonnes mains, et je vous le ramène
Jurant son grand serment qu'on ne l'y prendrait plus.
Est-il trop tard ?

SYLVANDRE, à Chloris.

O point de refus absolu !

De grâce ayez pitié quelque peu. La vengeance
Suprême c'est d'avoir un aspect d'indulgence,
Punissez-moi sans trop de justice et daignez
Ne me point accabler de traits plus indignés
Que n'en méritent — non mes crimes, — mais ma tête
Folle, mais mon cœur faible et lâche...

(Il tombe à genoux.)

CHLORIS

Êtes-vous bête ?

Relevez-vous, je suis trop heureuse à présent
Pour vous dire quoi que ce soit de déplaisant
Et je jette à ton cou chéri mes bras de lierre.
Nous nous expliquerons plus tard (Et ma première
Querelle et mon premier reproche seront pour
L'air de doute dont tu reçus mon pauvre amour
Qui, s'il a quelques tours étourdis et frivoles,
N'en est pas moins, parmi ses apparences folles,
Quelque chose de tout dévoré pour toujours)
Donc, chassons ce nuage, et reprenons le cours
De la charmante ivresse où s'exalta notre âme.

(A Rosalinde.)

Et quant à vous, soyez sûre, bonne Madame,
De mon amitié franche — et baisez votre sœur.

(Les deux femmes s'embrassent.)

SYLVANDRE

O si joyeuse avec toute cette douceur !

ROSALINDE, à Myrtil.

Que diriez-vous, Myrtil, si je faisais comme elle ?

MYRTIL

Dieux ! elle a pardonné, clémente autant que belle.

(A Rosalinde.)

O laissez-moi baiser vos mains pieusement !

ROSALINDE

Voilà qui finit bien et c'est un cher moment
Que celui-ci. Sans plus parler de ces tristesses,
Soyons heureux.

(A Chloris et à Sylvandre.)

Sachez enlacer vos jeunesses,
Doux amis, et joyeux que vous êtes, cueillez
La fleur rouge de vos baisers ensoleillés.

(Se tournant vers Myrtil.)

Pour nous, amants anciens sur qui gronda la vie,
Nous vous admirerons sans vous porter envie,
Ayant, nous, nos bonheurs discrets d'après-midi.

*(Tous les personnages de la Scène Ire reviennent
se grouper comme au lever du rideau.)*

Et voyez, aux rayons du soleil attiédi,
Voici tous nos amis qui reviennent des danses
Comme pour recevoir nos belles confidences.

SCÈNE X

Tous, *groupés comme ci-dessus.*

Mezzetin, *chantant.*

Va ! sans nul autre souci
Que de conserver ta joie !
Fripe les jupes de soie
Et goûte les vers aussi.

La morale la meilleure,
En ce monde où les plus fous
Sont les plus sages de tous,
C'est encor d'oublier l'heure.

Il s'agit de n'être point
Mélancolique et morose.
La vie est-elle une chose
Grave et réelle à ce point ?

(La toile tombe.)

VERS JEUNES

LE SOLDAT LABOUREUR

A Edmond Lepelletier

Or ce vieillard était horrible : un de ses yeux,
Crevé, saignait, tandis que l'autre, chassieux,
Brutalement luisait sous son sourcil en brosse ;
Les cheveux se dressaient d'une façon féroce,
Blancs, et paraissaient moins des cheveux que des crins;
Le vieux torse solide encore sur les reins,
Comme au ressouvenir des balles affrontées,
Cambré, contrariait les épaules voûtées ;
La main gauche avait l'air de chercher le pommeau
D'un sabre habituel et dont le long fourreau
Semblait, s'embarrassant avec la sabretache,
Gêner la marche et vers la tombante moustache
La main droite parfois montait, la retroussant.

Il était grand et maigre et jurait en toussant.

Fils d'un garçon de ferme et d'une lavandière,
Le service à seize ans le prit. Il fit entière,

La campagne d'Egypte. Austerlitz, Iéna,
Le virent. En Espagne un moine l'éborgna :
— Il tua le bon père, et lui vola sa bourse, —
Par trois fois traversa la Prusse au pas de course,
En Hesse eut une entaille épouvantable au cou,
Passa brigadier lors de l'entrée à Moscou,
Obtint la croix et fut de toutes les défaites
D'Allemagne et de France, et gagna dans ces fêtes
Trois blessures, plus un brevet de lieutenant
Qu'il résigna bientôt, les Bourbons revenant,
A Mont-Saint-Jean, bravant la mort qui l'environne,
Dit un mot analogue à celui de Cambronne ;
Puis, quand pour un second exil et le tombeau,
La Redingote grise et le petit Chapeau
Quittèrent à jamais leur France tant aimée
Et que l'on eût, hélas ! dissout la grande armée,
Il revint au village, étonné du clocher.

Presque forcé pendant un an de se cacher,
Il braconna pour vivre, et quand des temps moins rudes
L'eurent, sans le réduire à trop de platitudes,
Mis à même d'écrire en hauts lieux à l'effet
D'obtenir un secours d'argent qui lui fut fait,
Logea moyennant deux cents francs par an chez une
Parente qu'il avait, dont toute la fortune

Consistait en un champ cultivé par ses fieux,
L'un marié depuis longtemps et l'autre vieux
Garçon encore, et là notre foudre de guerre
Vivait et bien qu'il fût tout le jour sans rien faire
Et qu'il eût la charrue et la terre en horreur,
C'était ce qu'on appelle un soldat laboureur.
Toujours levé dès l'aube et la pipe à la bouche
Il allait et venait, engloutissait, farouche,
Des verres d'eau-de-vie et parfois s'enivrait,
Les dimanches tirait à l'arc au cabaret,
Après diner faisait un quart d'heure sans faute
Sauter sur ses genoux les garçons de son hôte
Ou bien leur apprenait l'exercice et comment
Un bon soldat ne doit songer qu'au fourniment.
Le soir il voisinait, tantôt pinçant les filles,
Habitude un peu trop commune aux vieux soudrilles,
Tantôt, geste ample et voix forte qui dominait
Le grillon incessant derrière le chenêt,
Assis auprès d'un feu de sarments qu'on entoure
Confusément disait l'Elster, l'Estramadoure
Smolensk, Dresde, Lutzen et les ravins vosgeois
Devant quatre ou cinq gars attentifs et narquois
S'exclamant et riant très fort aux endroits farces.

Canonnade compacte et fusillade éparse,

Chevaux éventrés, coups de sabre, prisonniers
Mis à mal entre deux batailles, les derniers
Moments d'un officier ajusté par derrière,
Qui se souvient et qu'on insulte, la barrière
Clichy, les alliés jetés au fond des puits,
La fuite sur la Loire et la maraude, et puis
Les femmes que l'on force après les villes prises,
Sans choix souvent, si bien qu'on a des mèches grises
Aux mains et des dégoûts au cœur après l'ébat
Quand passe le marchef ou que le rappel bat,
Puis encore, les camps levés et les déroutes.

Toutes ces gaîtés, tous ces faits d'armes et toutes
Ces gloires défilaient en de longs entretiens,
Entremêlés de gros jurons très peu chrétiens
Et de grands coups de poing sur les cuisses voisines.

Les femmes cependant, sœurs, mères et cousines,
Pleuraient et frémissaient un peu, conformément
A l'usage, tout en se disant : « Le vieux ment. »

Et les hommes fumaient et crachaient dans la cendre.

Et lui qui quelquefois voulait bien condescendre
A parler discipline avec ces bons lourdauds
Se levait, à grands pas marchait, les mains au dos,

Et racontait alors quelque fait politique
Dont il se proclamait le témoin authentique,
La distribution des Aigles, les Adieux,
Le Sacre et ce Dix-huit Brumaire radieux,
Beau jour où le soldat qu'un bavard importune
Brisa du même coup orateurs et tribune,
Où le dieu Mars mis par la Chambre hors la Loi
Mit la Loi hors la Chambre et, sans dire pourquoi,
Balaya du pouvoir tous ces ergoteurs glabres,
Tous ces législateurs qui n'avaient pas de sabres !

Tel parlait et faisait le grognard précité
Qui mourut centenaire à peu près l'autre été.
Le maire conduisit le deuil au cimetière.
Un feu de peloton fut tiré sur la bière
Par le garde champêtre et quatorze pompiers
Dont sept revinrent plus ou moins estropiés
A cause des mauvais fusils de la campagne.
Un tertre qu'une pierre assez grande accompagne
Et qu'orne un saule en pleurs est l'humble monument
Où notre héros dort perpétuellement.
De plus, suivant le vœu dernier du camarade,
On grava sur la pierre, après ses nom et grade,
Ces mots que tout Français doit lire en tressaillant :
« Amour à la plus belle et gloire au plus vaillant. »

LES LOUPS

Parmi l'obscur champ de bataille
Rôdant sans bruit sous le ciel noir
Les loups obliques font ripaille
Et c'est plaisir que de les voir,

Agiles, les yeux verts, aux pattes
Souples sur les cadavres mous,
— Gueules vastes et têtes plates —
Joyeux, hérisser leurs poils roux.

Un rauquement rien moins que tendre
Accompagne les dents mâchant
Et c'est plaisir que de l'entendre,
Cet hosannah vil et méchant :

— « Chair entaillée et sang qui coule
Les héros ont du bon vraiment.
La faim repue et la soif soûle
Leur doivent bien ce compliment.

« Mais aussi, soit dit sans reproche
Combien de peines et de pas
Nous a coûtés leur seule approche,
On ne l'imaginerai' pas.

« Dès que, sans pitié ni relâches,
Sonnèrent leurs pas fanfarons
Nos cœurs de fauves et de lâches,
A la fois gourmands et poltrons,

« Pressentant la guerre et la proie
Pour maintes nuits et pour maints jours
Battirent de crainte et de joie
A l'unisson de leurs tambours.

« Quand ils apparurent ensuite
Tout étincelants de métal,
Oh, quelle peur et quelle fuite
Vers la femelle, au bois natal !

« Ils allaient fiers, les jeunes hommes,
Calmes sous leur drapeau flottant,
Et plus forts que nous ne le sommes
Ils avaient l'air très doux pourtant.

« Le fer terrible de leurs glaives
Luisait moins encor que leurs yeux
Où la candeur d'augustes rêves
Éclatait en regards joyeux.

« Leurs cheveux que le vent fouette
Sous leurs casques battaient, pareils
Aux ailes de quelque mouette,
Pâles avec des tons vermeils.

« Ils chantaient des choses hautaines !
Ça parlait de libres combats,
D'amour, de brisements de chaines
Et de mauvais dieux mis à bas. —

« Ils passèrent. Quand leur cohorte
Ne fut plus là-bas qu'un point bleu,
Nous nous arrangeâmes en sorte
De les suivre en nous risquant peu.

« Longtemps, longtemps rasant la terre,
Discrets, loin derrière eux, tandis
Qu'ils allaient au pas militaire,
Nous marchâmes par rangs de dix,

« Passant les fleuves à la nage
Quand ils avaient rompu les ponts,
Quelques herbes pour tout carnage,
N'avançant que par faibles bonds,

« Perdant à tout moment haleine...
Enfin une nuit ces démons
Campèrent au fond d'une plaine
Entre des forêts et des monts.

« Là nous les guettâmes à l'aise,
Car ils dormaient pour la plupart.
Nos yeux pareils à de la braise
Brillaient autour de leur rempart,

« Et le bruit sec de nos dents blanches
Qu'attendaient des festins si beaux
Faisait cliqueter dans les branches
Le bec avide des corbeaux.

« L'aurore éclate. Une fanfare
Épouvantable met sur pied
La troupe entière qui s'effare.
Chacun s'équipe comme il sied.

« Derrière les hautes futaies
Nous nous sommes dissimulés
Tandis que les prochaines haies
Cachent les corbeaux affolés.

« Le soleil qui monte commence
A brûler. La terre a frémi.
Soudain une clameur immense
A retenti. C'est l'ennemi !

« C'est lui, c'est lui ! Le sol résonne
Sous les pas durs des conquérants.
Les polémarques en personne
Vont et viennent le long des rangs.

« Et les lances et les épées
Parmi les plis des étendards
Flambent entre les échappées
De lumières et de brouillards.

« Sur ce, dans ses courroux épiques
La jeune bande s'avança,
Gaie et sereine sous les piques,
Et la bataille commença.

« Ah, ce fut une chaude affaire :
Cris confus, choc d'armes, le tout
Pendant une journée entière
Sous l'ardeur rouge d'un ciel d'août.

« Le soir. — Silence et calme. A peine
Un vague moribond tardif
Crachant sa douleur et sa haine
Dans un hoquet définitif ;

« A peine, au lointain gris, le triste
Appel d'un clairon égaré.
Le couchant d'or et d'améthyste
S'éteint et brunit par degré.

« La nuit tombe. Voici la lune !
Elle cache et montre à moitié
Sa face hypocrite comme une
Complice feignant la pitié.

« Nous autres qu'un tel souci laisse
Et laissera toujours très cois,
Nous n'avons pas cette faiblesse
Car la faim nous chasse du bois,

« Et nous avons de quoi repaître
Cet impérial appétit,
Le champ de bataille sans maître
N'étant ni vide ni petit.

« Or, sans plus perdre en phrases vaines
Dont quelque sot serait jaloux
Cette heure de grasses aubaines,
Buvons et mangeons, nous, les Loups ! »

LA PUCELLE

A Robert Caze

Quand déjà pétillait et flambait le bûcher,
Jeanne qu'assourdissait le chant brutal des prêtres,
Sous tous ces yeux dardés et toutes ces fenêtres
Sentit frémir sa chair et son âme broncher.

Et semblable aux agneaux que revend au boucher
Le pâtour qui s'en va sifflant des airs champêtres,
Elle considéra les choses et les êtres
Et trouva son seigneur bien ingrat et léger.

« C'est mal, gentil Bâtard, doux Charles, bon Xaintrailles,
De laisser les Anglais faire ces funérailles
A qui leur fit lever le siège d'Orléans. »

Et la lorraine, au seul penser de cette injure,
Tandis que l'étreignait la mort des mécréants,
Las ! pleura comme eût fait une autre créature.

L'ANGELUS DU MATIN

A Léon Vanier

Fauve avec des tons d'écarlate
Une aurore de fin d'été
Tempétueusement é late
A l'horizon ensanglanté.

La nuit rêveuse, bleue et bonne
Pâlit, scintille et fond en l'air,
Et l'ouest dans l'ombre qui frissonne
Se teinte au bord de rose clair.

La plaine brille au loin et fume.
Un oblique rayon venu
Du soleil surgissant allume
Le fleuve comme un sabre nu.

Le bruit des choses réveillées
Se marie aux brouillards légers
Que les herbes et les feuillées
Ont subitement dégagés.

L'aspect vague du paysage
S'accentue et change à foison.
La silhouette d'un village
Parait. — Parfois une maison

Illumine sa vitre et lance
Un grand éclair qui va chercher
L'ombre du bois plein de silence.
Çà et là se dresse un clocher.

Cependant, la lumière accrue
Frappe dans les sillons les socs
Et voici que claire, bourrue,
Despotique, la voix des coqs

Proclamant l'heure froide et grise
Du pain mangé sans faim, des yeux
Frottés que flagelle la bise
Et du grincement des moyeux,

Fait sortir des toits la fumée,
Aboyer les chiens en fureur,
Et par la pente accoutumée
Descendre le lourd laboureur,

Tandis qu'un chœur de cloches dures
Dans le grandissement du jour
Monte, aubade franche d'injures
A l'adresse du Dieu d'amour !

LA SOUPE DU SOIR

A J.-K. Huysmans

Il fait nuit dans la chambre étroite et froide où l'homme
Vient de rentrer, couvert de neige, en blouse, et comme
Depuis trois jours il n'a prononcé deux mots
La femme a peur et fait des signes aux marmots.

Un seul lit, un bahut disloqué, quatre chaises,
Des rideaux jadis blancs conchiés des punaises,
Une table qui va s'écroulant d'un côté, —
Le tout navrant avec un air de saleté.

L'homme, grand front, grands yeux pleins d'une sombre flamme,
A vraiment des lueurs d'intelligence et d'âme
Et c'est ce qu'on appelle un solide garçon.
La femme, jeune encore, est belle à sa façon.

Mais la Misère a mis sur eux sa main funeste,
Et perdant par degrés rapides ce qui reste
En eux de tristement vénérable et d'humain,
Ce seront la femelle et le mâle, demain.

Tous se sont attablés pour manger de la soupe
Et du bœuf, et ce tas sordide forme un groupe
Dont l'ombre à l'infini s'allonge tout autour
De la chambre, la lampe étant sans abat-jour.

Les enfants sont petits et pâles, mais robustes
En dépit des maigreurs saillantes de leurs bustes
Qui disent les hivers passés sans feu souvent
Et les étés subits dans un air étouffant.

Non loin d'un vieux fusil rouillé qu'un clou supporte
Et que la lampe fait luire d'étrange sorte,
Quelqu'un qui chercherait longtemps dans ce retrait
Avec l'œil d'un agent de police verrait

Empilés dans le fond de la boiteuse armoire
Quelques livres poudreux de « science » et « d'histoire, »
Et sous le matelas, cachés avec grand soin,
Des romans capiteux cornés à chaque coin.

Ils mangent cependant. L'homme, morne et farouche,
Porte la nourriture écœurante à sa bouche
D'un air qui n'est rien moins nonobstant que soumis,
Et son eustache semble à d'autres soins promis.

La femme pense à quelque ancienne compagne,
Laquelle a tout, voiture et maison de campagne,
Tandis que les enfants, leurs poings dans leurs yeux clos,
Ronflant sur leur assiette imitent des sanglots.

LES VAINCUS

A Louis-Xavier de Ricard

La Vie est triomphante et l'Idéal est mort,
Et voilà que, criant sa joie au vent qui passe,
Le cheval enivré du vainqueur broie et mord
Nos frères, qui du moins tombèrent avec grâce,

Et nous que la déroute a fait survivre, hélas !
Les pieds meurtris, les yeux troubles, la tête lourde,
Saignants, veules, fangeux, déshonorés et las,
Nous allons, étouffant mal une plainte sourde,

Nous allons, au hasard du soir et du chemin,
Comme les meurtriers et comme les infâmes,
Veufs, orphelins, sans toit, ni fils, ni lendemain,
Aux lueurs des forêts familières en flammes !

Ah, puisque notre sort est bien complet, qu'enfin
L'espoir est aboli, la défaite certaine,
Et que l'effort le plus énorme serait vain,
Et puisque c'en est fait, même de notre haine,

Nous n'avons plus, à l'heure où tombera la nuit,
Abjurant tout risible espoir de funérailles,
Qu'à nous laisser mourir obscurément, sans bruit,
Comme il sied aux vaincus des suprêmes batailles.

II

Une faible lueur palpite à l'horizon
Et le vent glacial qui s'élève redresse
Le feuillage des bois et les fleurs du gazon ;
C'est l'aube ! tout renaît sous sa froide caresse.

De fauve l'Orient devient rose, et l'argent
Des astres va bleuir dans l'azur qui se dore ;
Le coq chante, veilleur exact et diligent ;
L'alouette a volé stridente : c'est l'aurore !

Éclatant, le soleil surgit : c'est le matin !
Amis, c'est le matin splendide dont la joie
Heurte ainsi notre lourd sommeil, et le festin
Horrible des oiseaux et des bêtes de proie.

●

O prodige ! en nos cœurs le frisson radieux
Met à travers l'éclat subit de nos cuirasses,
Avec un violent désir de mourir mieux,
La colère et l'orgueil anciens des bonnes races.

Allons, debout ! allons, allons ! debout, debout !
Assez comme cela de hontes et de trêves !
Au combat, au combat ! car notre sang qui bout
A besoin de fumer sur la pointe des glaives !

III

Les vaincus se sont dit dans la nuit de leurs geôles :
Ils nous ont enchaînés, mais nous vivons encor.
Tandis que les carcans font ployer nos épaules,
Dans nos veines le sang circule, bon trésor.

Dans nos têtes nos yeux rapides avec ordre
Veillent, fins espions, et derrière nos fronts
Notre cervelle pense, et s'il faut tordre ou mordre,
Nos mâchoires seront dures et nos bras prompts.

Légers, ils n'ont pas vu d'abord la faute immense
Qu'ils faisaient, et ces fous qui s'en repentiront
Nous ont jeté le lâche affront de la clémence.
Bon ! la clémence nous vengera de l'affront.

Ils nous ont enchaînés ! Mais les chaines sont faites
Pour tomber sous la lime obscure et pour frapper
Les gardes qu'on désarme, et les vainqueurs en fêtes
Laissent aux évadés le temps de s'échapper.

Et de nouveau bataille ! Et victoire peut-être,
Mais bataille terrible et triomphe inclément,
Et comme cette fois le Droit sera le maître
Cette fois-là sera la dernière, vraiment !

IV

Car les morts, en dépit des vieux rêves mystiques,
Sont bien morts, quand le fer a bien fait son devoir
Et les temps ne sont plus des fantômes épiques
Chevauchant des chevaux spectres sous le ciel noir,

La jument de Roland et Roland sont des mythes
Dont le sens nous échappe et réclame un effort
Qui perdrait notre temps, et si vous vous promîtes
D'être épargnés par nous vous vous trompâtes fort.

Vous mourrez de nos mains, sachez-le, si la chance
Est pour nous. Vous mourrez, suppliants, de nos mains.
La justice le veut d'abord, puis la vengeance,
Puis le besoin pressant d'opportuns lendemains.

Et la terre, depuis longtemps aride et maigre,
Pendant longtemps boira joyeuse votre sang
Dont la lourde vapeur savoureusement aigre
Montera vers la nue et rougira son flanc,

Et les chiens et les loups et les oiseaux de proie
Feront vos membres nets et fouilleront vos troncs,
Et nous rirons, sans rien qui trouble notre joie
Car les morts sont bien morts et nous vous l'apprendrons.

A LA MANIÈRE DE PLUSIEURS

I

LA PRINCESSE BÉRÉNICE

A Jacques Madeleine

Sa tête fine dans sa main toute petite,
Elle écoute le chant des cascades lointaines,
Et dans la plainte langoureuse des fontaines,
Perçoit comme un écho beni du nom de Tite.

Elle a fermé ses yeux divins de clématite
Pour bien leur peindre, au cœur des batailles hautaines.
Son doux héros, le mieux aimant des capitaines,
Et, Juive, elle se sent au pouvoir d'Aphrodite.

Alors un grand souci la prend d'être amoureuse,
Car dans Rome une loi bannit, barbare, affreuse,
Du trône impérial toute femme étrangère.

Et sous le noir chagrin dont sanglote son âme,
Entre les bras de sa servante la plus chère,
La reine, hélas ! défaille et tendrement se pâme.

II

LANGUEUR

A Georges Courteline

Je suis l'Empire à la fin de la décadence,
Qui regarde passer les grands Barbares blancs
En composant des acrostiches indolents
D'un style d'or où la langueur du soleil danse.

L'âme seulette a mal au cœur d'un ennui dense.
Là-bas on dit qu'il est de longs combats sanglants.
O n'y pouvoir, étant si faible aux vœux si lents,
O n'y vouloir fleurir un peu cette existence !

O n'y vouloir, ô n'y pouvoir mourir un peu !
Ah ! tout est bu ! Bathylle, as-tu fini de rire ?
Ah ! tout est bu, tout est mangé ! Plus rien à dire !

Seul, un poème un peu niais qu'on jette au feu,
Seul, un esclave un peu coureur qui vous néglige,
Seul, un ennui d'on ne sait quoi qui vous afflige !

III

PANTOUM NÉGLIGÉ

Trois petits pâtés, ma chemise brûle.
Monsieur le curé n'aime pas les os.
Ma cousine est blonde, elle a nom Ursule,
Que n'émigrons-nous vers les Palaiseaux.

Ma cousine est blonde, elle a nom Ursule.
On dirait d'un cher glaïeul sur les eaux
Vivent le muguet et la campanule !
Dodo, l'enfant do, chantez, doux fuseaux.

Que n'émigrons-nous vers les Palaiseaux.
Trois petits pâtés, un point et virgule ;
On dirait d'un cher glaïeul sur les eaux ;
Vivent le muguet et la campanule.

Trois petits pâtés, un point et virgule
Dodo, l'enfant do, chantez, doux fuseaux.
La libellule erre emmi des roseaux.
Monsieur le Curé, ma chemise brûle.

IV

PAYSAGE

Vers Saint-Denis c'est bête et sale la campagne.
C'est pourtant là qu'un jour j'emmenai ma compagne.
Nous étions de mauvaise humeur et querellions.
Un plat soleil d'été tartinait ses rayons
Sur la plaine séchée ainsi qu'une rôtie.
C'était pas trop après le Siège : une partie
Des « maisons de campagne » était à terre encor
D'autres se relevaient comme on hisse un décor,
Et des obus tout neufs encastrés aux pilastres
Portaient écrit autour : Souvenir des désastres.

V

CONSEIL FALOT

A Raoul Ponchon

Brûle aux yeux des femmes
Et garde ton cœur,
Mais crains langueur
Des épithalames.

Bois pour oublier !
L'eau-de-vie est une
Qui porte la lune
Dans son tablier.

L'injure des hommes
Qu'est-ce que ça fait ?
Va, notre cœur sait
Seul ce que nous sommes.

Ce que nous valons
Notre sang le chante !
L'épine méchante
Te mord aux talons ?

Le vent taquin ose
Te giffler souvent ?
Chante dans le vent
Et cueille la rose !

Va, tout est au mieux
Dans ce monde ₁ ˙re !
Surtout laisse dire,
Surtout sois joyeux

D'être une victime
A ces pauvres gens :
Les dieux indulgents
Ont aimé ton crime !

Tu refleuriras
Dans un élysée.
Ame méprisée,
Tu rayonneras !

Tu n'es pas de celles
Qu'un coup du Destin
Dissipe soudain
En mille étincelles.

Métal dur et clair,
Chaque coup t'affine
En arme divine
Pour un destin fier.

Arrière la forge !
Et tu vas frémir
Vibrer et jouir
Au poing de saint George

Et de saint Michel,
Dans des gloires calmes,
Au vent pur des palmes
Sur l'aile du ciel !..

C'est d'être un sourire
Au milieu des pleurs,
C'est d'être des fleurs,
Au champ du martyre,

C'est d'être le feu
Qui dort dans la pierre,
C'est d'être en prière,
C'est d'attendre un peu !

VI

LE POÈTE ET LA MUSE

La chambre, as-tu gardé leurs spectres ridicules,
O pleine de jour sale et de bruits d'araignées ?
La chambre, as-tu gardé leurs formes désignées
Par ces crasses au mur et par quelles virgules ?

Ah fi ! Pourtant, chambre en garni qui te recules
En ce sec jeu d'optique aux mines renfrognées
Du souvenir de trop de choses destinées,
Comme ils ont donc regret aux nuits, aux nuits d'Hercules ?

Qu'on l'entende comme on voudra, ce n'est pas ça :
Vous ne comprenez rien aux choses, bonnes gens.
Je vous dis que ce n'est pas ce que l'on pensa.

Seule, ò chambre qui fuis en cònes affligeants
Seule, tu sais ! mais sans doute combien de nuits
De noce auront dévirginé leurs nuits depuis !

VII

L'AUBE A L'ENVERS

A Louis Dumoulin

Le Point-du-Jour avec Paris au large,
Des chants, des tirs, les femmes qu'on « rêvait »,
La Seine claire et la foule qui fait
Sur ce poème un vague essai de charge.

On danse aussi, car tout est dans la marge
Que fait le fleuve à ce livre parfait,
Et si parfois l'on tuait ou buvait
Le fleuve est sourd et le vin est litharge.

Le Point-du-Jour, mais c'est l'Ouest de Paris !
Un calembour a béni son histoire
D'affreux baisers et d'immondes paris.

En attendant que sonne l'heure noire
Où les bateaux-omnibus et les trains
Ne partent plus, tirez, tirs, fringuez, reins !

VIII

UN POUACRE

A Jean Moréas

Avec les yeux d'une tête de mort
   Que la lune encore décharne
Tout mon passé, disons tout mon remord
   Ricane à travers ma lucarne.

Avec la voix d'un vieillard très cassé,
   Comme l'on n'en voit qu'au théâtre,
Tout mon remords, disons tout mon passé
   Fredonne un tralala folâtre.

Avec les doigts d'un pendu déjà vert
   Le drôle agace une guitare
Et danse sur l'avenir grand ouvert,
   D'un air d'élasticité rare.

« Vieux turlupin, je n'aime pas cela.
         Tais ces chants et cesse ces danses. »
Il me répond avec la voix qu'il a :
         « C'est moins farce que tu ne penses, »

Et quand au soin frivole, ô doux morveux,
         De te plaire ou de te déplaire,
Je m'en soucie au point que, si tu veux,
         Tu peux t'aller faire lanlaire. »

IX

MADRIGAL

Tu m'as, ces pâles jours d'automne blanc, fait mal
A cause de tes yeux où fleui : l'animal,
Et tu me rongerais, en princesse Souris,
Du bout fin de la quenotte de ton souris,
Fille auguste qui fis flamboyer ma douleur
Avec l'huile rancie encor de ton vieux pleur !
Oui, folle, je mourrais de ton regard damné.
Mais va (veux-tu ?) l'étang là dort insoupçonné
Dont du lys, nef qu'il eût fallu qu'on acclamât,
L'eau morte a bu le vent qui coule du grand mât.
T'y jeter, palme ! et d'avance mon repentir
Parle si bas qu'il faut être sourd pour l'ouïr.

NAGUERE

PROLOGUE

Ce sont choses crépusculaires,
Des visions de fin de nuit.
O Vérité, tu les éclaires
Seulement d'une aube qui luit

Si pâle dans l'ombre abhorrée
Qu'on doute encore par instants
Si c'est la lune qui les crée
Sous l'horreur des rameaux flottants,

Ou si ces fantômes moroses
Vont tout à l'heure prendre corps
Et se mêler au chœur des choses
Dans les harmonieux décors

Du soleil et de la nature
Doux à l'homme et proclamant Dieu
Pour l'extase de l'hymne pure
Jusqu'à la douceur du ciel bleu.

CRIMEN AMORIS

A Villiers de l'Isle Adam

Dans un palais, soie et or, dans Ecbatane,
De beaux démons, des satans adolescents,
Au son d'une musique mahométane
Font litière aux Sept Péchés de leurs cinq sens.

C'est la fête aux Sept Péchés : ô qu'elle est belle !
Tous les Désirs rayonnaient en feux brutaux ;
Les Appétits, pages prompts que l'on harcèle,
Promenaient des vins roses dans des cristaux.

Des danses sur des rhythmes d'épithalames
Bien doucement se pâmaient en longs sanglots
Et de beaux chœurs de voix d'hommes et de femmes
Se déroulaient, palpitaient comme des flots,

Et la bonté qui s'en allait de ces choses
Était puissante et charmante tellement
Que la campagne autour se fleurit de roses
Et que la nuit paraissait en diamant.

Or le plus beau d'entre tous ces mauvais anges
Avait seize ans sous sa couronne de fleurs.
Les bras croisés sur les colliers et les franges,
Il rêve, l'œil plein de flammes et de pleurs.

En vain la fête autour se faisait plus folle,
En vain les satans, ses frères et ses sœurs,
Pour l'arracher au souci qui le désole,
L'encourageaient d'appels de bras caresseurs :

Il résistait à toutes câlineries,
Et le chagrin mettait un papillon noir
A son cher front tout brûlant d'orfèvreries :
O l'immortel et terrible désespoir !

Il leur disait : « O vous, laissez-moi tranquille ! »
Puis les ayant baisés tous bien tendrement
Il s'évada d'avec eux d'un geste agile,
Leur laissant aux mains des pans de vêtement.

Le voyez-vous sur la tour la plus céleste
Du haut palais avec une torche au poing ?
Il la brandit comme un héros fait d'un ceste :
D'en bas on croit que c'est une aube qui point.

Qu'est-ce qu'il dit de sa voix profonde et tendre
Qui se marie au claquement clair du feu
Et que la lune est extatique d'entendre ?
« Oh ! je serai celui-là qui créera Dieu !

« Nous avons tous trop souffert, anges et hommes,
« De ce conflit entre le Pire et le Mieux.
« Humilions, misérables que nous sommes,
« Tous nos élans dans le plus simple des vœux.

« O vous tous, ô nous tous, ô les pécheurs tristes,
« O les gais Saints ! Pourquoi ce schisme têtu ?
« Que n'avons-nous fait, en habiles artistes,
« De nos travaux la seule et même vertu !

« Assez et trop de ces luttes trop égales !
« Il va falloir qu'enfin se rejoignent les
« Sept Péchés aux Trois Vertus Théologales !
« Assez et trop de ces combats durs et laids !

« Et pour réponse à Jésus qui crut bien faire
« En maintenant l'équilibre de ce duel,
« Par moi l'enfer dont c'est ici le repaire
« Se sacrifie à l'Amour universel ! »

La torche tombe de sa main éployée,
Et l'incendie alors hurla s'élevant,
Querelle énorme d'aigles rouges noyée
Au remous noir de la fumée et du vent.

L'or fond et coule à flots et le marbre éclate ;
C'est un brasier tout splendeur et tout ardeur ;
La soie en courts frissons comme de l'ouate
Vole à flocons tout ardeur et tout splendeur.

Et les satans mourants chantaient dans les flammes
Ayant compris, comme s'ils étaient résignés !
Et de beaux chœurs de voix d'hommes et de femmes
Montaient parmi l'ouragan des bruits ignés.

Et lui, les bras croisés d'une sorte fière,
Les yeux au ciel où le feu monte en léchant
Il dit tout bas une espèce de prière
Qui va mourir dans l'allégresse du chant.

Il dit tout bas une espèce de prière,
Les yeux au ciel où le feu monte en léchant...
Quand retentit un affreux coup de tonnerre
Et c'est la fin de l'allégresse et du chant.

On n'avait pas agréé le sacrifice :
Quelqu'un de fort et de juste assurément
Sans peine avait su démêler la malice
Et l'artifice en un orgueil qui se ment.

Et du palais aux cent tours aucun vestige,
Rien ne resta dans ce désastre inouï,
Afin que par le plus effrayant prodige
Ceci ne fut qu'un vain rêve évanoui...

Et c'est la nuit, la nuit bleue aux mille étoiles ;
Une campagne évangélique s'étend
Sévère et douce, et, vagues comme des voiles,
Les branches d'arbre ont l'air d'ailes s'agitant.

De froids ruisseaux courent sur un lit de pierre ;
Les doux hiboux nagent vaguement dans l'air
Tout embaumé de mystère et de prière ;
Parfois un flot qui saute lance un éclair.

La forme molle au loin monte des collines
Comme un amour encore mal défini,
Et le brouillard qui s'essore des ravines
Semble un effort vers quelque but réuni.

Et tout cela comme un cœur et comme une âme,
Et comme un verbe, et d'un amour virginal
Adore, s'ouvre en une extase et réclame
Le Dieu clément qui nous gardera du mal.

LA GRACE

A Armand Silvestre

Un cachot. Une femme à genoux, en prière.
Une tête de mort est gisante par terre,
Et parle, d'un ton aigre et douloureux aussi.
D'une lampe au plafond tombe un rayon transi.

« Dame Reine,... — Encor toi, Satan ! — Madame Reine,...
— « O Seigneur, faites mon oreille assez sereine
« Pour ouir sans l'écouter ce que dit le Malin ! »
— « Ah ! ce fut un vaillant et galant châtelain
« Que votre époux ! Toujours en guerre ou bien en fête,
« (Hélas ! j'en puis parler puisque je suis sa tête.)
« Il vous aima, mais moins encore qu'il n'eût dû.
« Que de vertu gâtée et que de temps perdu

« En vains tournois, en cours d'amour loin de sa dame
« Qui belle et jeune prit un amant, la pauvre âme ! » —
— « O Seigneur, écartez ce calice de moi ! » —
— « Comme ils s'aimèrent ! Ils s'étaient juré leur foi
« De s'épouser sitôt que serait mort le maitre,
« Et le tuèrent dans son sommeil d'un coup traitre. »
— « Seigneur, vous le savez, dès le crime accompli,
« J'eus horreur, et prenant ce jeune homme en oubli,
« Vins au roi, dévoilant l'attentat effroyable,
« Et pour mieux déjouer la malice du diable,
« J'obtins qu'on m'apportât en ma juste prison
« La tête de l'époux occis en trahison :
« Par ainsi le remords, devant ce triste reste,
« Me met toujours aux yeux mon action funeste,
« Et la ferveur de mon repentir s'en accroît,
« O Jésus ! Mais voici : le Malin qui se voit
« Dupe et qui voudrait bien ressaisir sa conquête
« S'en vient-il pas loger dans cette pauvre tête
« Et me tenir de faux propos insidieux?
« O Seigneur, tendez-moi vos secours précieux !
— « Ce n'est pas le démon, ma Reine, c'est moi-même,
« Votre époux, qui vous parle en ce moment suprême,
« Votre époux qui, damné (car j'étais en mourant
« En état de péché mortel), vers vous se rend,
« O Reine, et qui, pauvre âme errante, prend la tête
« Qui fut la sienne aux jours vivants pour interprète

« Effroyable de son amour épouvanté. »
— « O blasphème hideux, mensonge détesté !
« Monsieur Jésus, mon maître adorable, exorcise
« Ce chef horrible et le vide de la hantise
« Diabolique qui n'en fait qu'un instrument
« Où souffle Belzébuth fallacieusement
« Comme dans une flûte on joue un air perfide ! »
— « O douleur, une erreur lamentable te guide,
« Reine, je ne suis pas Satan, je suis Henry ! » —
— « Oyez, Seigneur, il prend la voix de mon mari !
« A mon secours, les Saints, à l'aide, Notre Dame ! » —
— « Je suis Henry, du moins, Reine, je suis son âme
« Qui, par sa volonté, plus forte que l'enfer,
« Ayant su transgresser toute porte de fer
« Et de flamme, et braver leur impure cohorte,
« Hélas ! vient pour te dire avec cette voix morte
« Qu'il est d'autres amours encor que ceux d'ici,
« Tout immatériels et sans autre souci
« Qu'eux-mêmes, des amours d'âmes et de pensées.
« Ah, que leur fait le Ciel ou l'enfer. Enlacées,
« Les âmes, elles n'ont qu'elles-mêmes pour but !
« L'enfer pour elles c'est que leur amour mourût,
« Et leur amour de son essence est immortelle !
« Hélas ! moi, je ne puis te suivre aux cieux, cruelle
« Et *seule* peine en ma damnation. Mais toi,
« Damne-toi ! Nous serons heureux à deux, la loi

« Des âmes, je te dis, c'est l'alme indifférence
« Pour la félicité comme pour la souffrance
« Si l'amour partagé leur fait d'intimes cieux.
« Viens afin que l'enfer jaloux, voie, envieux,
« Deux damnés ajouter, comme on double un délice,
« Tous les feux de l'amour à tous ceux du supplice,
« Et se sourire en un baiser perpétuel ! »
  — « Ame de mon époux, tu sais qu'il est réel
« Le repentir qui fait qu'en ce moment j'espère
« En la miséricorde ineffable du Père
« Et du Fils et du Saint-Esprit ! Depuis un mois
« Que j'expie, attendant la mort que je te dois,
« En ce cachot trop doux encor, nue et par terre,
« Le crime monstrueux et infâme adultère
« N'ai-je pas, repassant ma vie en sanglotant,
« O mon Henry, pleuré des siècles cet instant
« Où j'ai pu méconnaître en toi celui qu'on aime ?
« Va, j'ai revu, superbe et doux, toujours le même,
« Ton regard qui parlait délicieusement
« Et j'entends, et c'est là mon plus dur châtiment,
« Ta noble voix, et je me souviens des caresses !
« Or si tu m'as absoute et si tu t'intéresses
« A mon salut, du haut des cieux, ô cher souci,
« Manifeste-toi, parle, et déments celui-ci
« Qui blasphème et vomit d'affreuses hérésies ! » —
  — « Je te dis que je suis damné ! Tu t'extasies

« En terreurs vaines, ô ma Reine. Je te dis
« Qu'il te faut rebrousser chemin du Paradis,
« Vain séjour du bonheur banal et solitaire
« Pour l'amour avec moi ! Les amours de la terre
« Ont, tu le sais, de ces instants chastes et lents :
« L'âme veille, les sens se taisent somnolents,
« Le cœur qui se repose et le sang qui s'affaisse
« Font dans tout l'être comme une douce faiblesse.
« Plus de désirs fiévreux, plus d'élans énervants,
« On est des frères et des sœurs et des enfants,
« On pleure d'une intime et profonde allégresse,
« On est les cieux, on est la terre, enfin on cesse
« De vivre et de sentir pour s'aimer *au delà*,
« Et c'est l'éternité que je t'offre, prends-la !
« Au milieu des tourments nous serons dans la joie,
« Et le Diable aura beau meurtrir sa double proie,
« Nous rirons, et plaindrons ce Satan sans amour.
« Non, les Anges n'auront dans leur morne séjour
« Rien de pareil à ces délices inouïes ! » —

La Comtesse est debout, paumes épanouies.
Elle fait le grand cri des amours surhumains.
Puis se penche et saisit avec pâles mains
La tête qui, merveille ! à l'aspect de sourire.
Un fantôme de vie et de chair semble luire

Sur le hideux objet qui rayonne à présent
Dans un nimbe languissamment phosphorescent.
Un halo clair, semblable à des cheveux d'aurore
Tremble au sommet et semble au vent flotter encore
Parmi le chant des cors à travers la forêt.
Les noirs orbites ont des éclairs, on dirait
De grands regards de flamme et noirs. Le trou farouche
Au rire affreux, qui fut, Comte Henry, ta bouche
Se transfigure rouge aux deux arcs palpitants
De lèvres qu'auréole un duvet de vingt ans,
Et qui pour un baiser se tendent savoureuses...
Et la Comtesse à la façon des amoureuses
Tient la tête terrible amplement, une main
Derrière et l'autre sur le front, pâle, en chemin
D'aller vers le baiser spectral, l'âme tendue,
Hoquetant, dilatant sa prunelle perdue
Au fond de ce regard vague qu'elle a devant...
Soudain elle recule, et d'un geste rêvant
(O femmes, vous avez ces allures de faire !)
Elle laisse tomber la tête qui profère
Une plainte, et, roulant, sonne creux et longtemps :
    « Mon Dieu, mon Dieu, pitié ! Mes péchés pénitents
« Lèvent leurs pauvres bras vers ta bénévolence.
« O ne les souffre pas criant en vain ! O lance
« L'éclair de ton pardon qui tuera ce corps vil !
« Vois que mon âme est faible en ce dolent exil

« Et ne la laisse pas au Mauvais qui la guette !
« O que je meure ! »
                    Avec le bruit d'un corps qu'on jette.
La Comtesse à l'instant tombe morte, et voici :
Son âme en blanc linceul, par l'espace éclairci
D'une douce clarté d'or blond qui flue et vibre
Monte au plafond ouvert désormais à l'air libre
Et d'une ascension lente va vers les cieux.

.   .   .   .

La tête est là, dardant en l'air ses sombres yeux
Et sautèle dans des attitudes étranges :
Telle dans les Assomptions des têtes d'anges,
Et la bouche vomit un gémissement long,
Et des orbites vont coulant des pleurs de plomb.

L'IMPÉNITENCE FINALE

A Catulle Mendès

La petite marquise Osine est toute belle,
Elle pourrait aller grossir la ribambelle
Des folles de Watteau sous leur chapeau de fleurs
Et de soleil, mais comme on dit, elle aime ailleurs
Parisienne en tout, spirituelle et bonne
Et mauvaise à ne rien redouter de personne,
Avec cet air mi-faux qui fait que l'on vous croit,
C'est un ange fait pour le monde qu'elle voit,
Un ange blond, et même on dit qu'il a des ailes.

Vingt soupirants, brûlés du feu des meilleurs zèles
Avaient en vain quêté leur main à ses seize ans,
Quand le pauvre marquis, quittant ses paysans

Comme il avait quitté son escadron, vint faire
Escale au Jockey; vous connaissez son affaire
Avec la grosse Emma de qui — l'eussions-nous cru ?
Le bon garçon était absolument féru,
Son désespoir après le départ de la grue,
Le duel avec Gontran, c'est vieux comme la rue;
Bref il vit la petite un jour dans un salon,
S'en éprit tout d'un coup comme un fou; même l'on
Dit qu'il en oublia si bien son infidèle
Qu'on le voyait le jour d'ensuite avec Adèle.
Temps et mœurs! La petite (on sait tout aux Oiseaux)
Connaissait le roman du cher, et jusques aux
Moindres chapitres : elle en conçut de l'estime.
Aussi quand le marquis offrit sa légitime
Et sa main contre sa menotte, elle dit : Oui,
Avec un franc parler d'allégresse inouï.
Les parents, voyant sans horreur ce mariage
(Le marquis était riche et pouvait passer sage)
Signèrent au contrat avec laisser-aller.
Elle qui voyait là quelqu'un à consoler
Ouït la messe dans une ferveur profonde.

Elle le consola deux ans. Deux ans du monde!

Mais tout passe !

                    Si bien qu'un jour qu'elle attendait
Un autre et que cet autre atrocement tardait,
De dépit la voilà soudain qui s'agenouille
Devant l'image d'une Vierge à la quenouille
Qui se trouvait là, dans cette chambre en garni,
Demandant à Marie, en un trouble infini,
Pardon de son péché si grand, — si cher encore
Bien qu'elle croie au fond du cœur qu'elle l'abhorre.

Comme elle relevait son front d'entre ses mains
Elle vit Jésus-Christ avec les traits humains
Et les habits qu'il a dans les tableaux d'église.
Sévère, il regardait tristement la marquise.
La vision flottait blanche dans un jour bleu
Dont les ondes voilant l'apparence du lieu,
Semblaient envelopper d'une atmosphère élue
Osine qui tremblait d'extase irrésolue
Et qui balbutiait des exclamations.
Des accords assoupis de harpes de Sions
Célestes descendaient et montaient par la chambre
Et des parfums d'encens, de cinnamome et d'ambre
Fluaient, et le parquet retentissait des pas
Mystérieux de pieds que l'on ne voyait pas,
Tandis qu'autour c'était, en décadences soyeuses.
Un grand frémissement d'ailes mystérieuses

La marquise restait à genoux, attendant,
Toute admiration peureuse, cependant.

Et le Sauveur parla :

              « Ma fille, le temps passe,
Et ce n'est pas toujours le moment de la grâce.
Profitez de cette heure, ou c'en est fait de vous. »

La vision cessa.

              Oui certes, il est doux
Le roman d'un premier amant. L'âme s'essaie.
C'est un jeune coureur à la première haie.
C'est si mignard qu'on croit à peine que c'est mal.
Quelque chose d'étonnamment matutinal.
On sort du mariage habitueux. C'est comme
Qui dirait la lueur aurorale de l'homme
Et les baisers parmi cette fraîche clarté
Sonnent comme des cris d'alouette en été,
O le premier amant ! Souvenez-vous, mesdames !
Vagissant et timide élancement des âmes
Vers le fruit défendu qu'un soupir révéla...
Mais le second amant d'une femme, voilà !

On a tout su. La faute est bien délibérée
Et c'est bien un nouvel état que l'on se crée,
Un autre mariage à soi-même avoué.
Plus de retour possible au foyer bafoué.
Le mari. débonnaire ou non, fait bonne garde
Et dissimule mal. Déjà rit et bavarde
Le monde hostile et qui sévirait au besoin.
Ah. que l'aise de l'autre intrigue se fait loin !
Mais aussi cette fois comme on vit. comme on aime,
Tout le cœur est éclos en une fleur suprême.
Ah, c'est bon ! Et l'on jette à ce feu tout remords,
On ne vit que pour *lui*, tous autres soins sont morts.
On est à lui, on n'est qu'à lui. c'est pour la vie,
Ce sera pour après la vie. et l'on défie
Les lois humaines et divines, car on est
Folle de corps et d'âme, et l'on ne reconnaît
Plus rien. et l'on ne sait plus rien, sinon qu'on l'aime !

Or cet amant était justement le deuxième
De la marquise, ce qui fait qu'un jour après,
— O sans malice et presque avec quelques regrets —
Elle le revoyait pour le revoir encore.
Quant au miracle, comme une odeur s'évapore,
Elle n'y pensa plus bientôt que vaguement.

Un matin, elle était dans son jardin charmant,

Un matin de printemps, un jardin de plaisance.
Les fleurs vraiment semblaient saluer sa présence,
Et frémissaient au vent léger, et s'inclinaient
Et les feuillages, verts tendrement, lui donnaient
L'aubade d'un timide et délicat ramage
Et les petits oiseaux volant à son passage,
Pépiaient à plaisir dans l'air tout embaumé
Des feuilles, des bourgeons et des gommes de mai.
Elle pensait à *lui*, sa vue errait, distraite,
A travers l'ombre jeune et la pompe discrète
D'un grand rosier bercé d'un mouvement câlin,
Quand elle vit Jésus en vêtements de lin
Qui marchait, écartant les branches de l'arbuste
Et la couvait d'un long regard triste. Et le Juste
Pleurait. Et en tout un instant s'évanouit.
Elle se recueillait.

    Soudain un petit bruit
Se fit. On lui portait en secret une lettre,
Une lettre de *lui*, qui lui marquait peut-être
Un rendez-vous.
    Elle ne put la déchirer.

. . . .

Marquis, pauvre marquis, qu'avez-vous à pleurer

Au chevet de ce lit de blanche mousseline ?
Elle est malade, bien malade.

                                « Sœur Aline,
A-t-elle un peu dormi ? »

                        — Mal, monsieur le marquis. »
Et le marquis pleurait.

                        « Elle est ainsi depuis
« Deux heures, somnolente et calme. Mais que dire
« De la nuit ? Ah, monsieur le marquis, quel délire !
« Elle vous appelait, vous demandait pardon
« Sans cesse, encor, toujours, et tirait le cordon
« De sa sonnette »

                        Et le marquis frappait sa tête
De ses deux poings et, fou da..s sa douleur muette
Marchait à grands pas sourds sur les tapis épais
(Dès qu'elle fut malade, elle n'eut pas de paix
Qu'elle n'eût avoué ses fautes au pauvre homme
Qui pardonna.) La sœur reprit pâle : « Elle eut comme
« Un rêve, un rêve affreux. Elle voyait Jésus,
« Terrible sur la nue et qui marchait dessus,
« Un glaive dans la main droite, et de la main gauche
« Qui ramait lentement comme une faux qui fauche,
« Écartant sa prière, et passait furieux. »

.   .   .   .

Un prêtre, saluant les assistants des yeux.
Entre.

Elle dort.

       O ses paupières violettes !
O ses petites mains qui tremblent maigrelettes !
O tout son corps perdu dans les draps étouffants !
Regardez, elle meurt de la mort des enfants.

Et le prêtre anxieux, se penche à son oreille.
Elle s'agite un peu, la voilà qui s'éveille,
Elle voudrait parler, la voilà qui s'endort
Plus pâle.

      Et le marquis : « Est-ce déjà la mort ? »
Et le docteur lui prend les deux mains, et sort vite.

On l'enterrait hier matin. Pauvre petite !

DON JUAN PIPÉ

A François Coppée

Don Juan qui fut grand Seigneur en ce monde
Est aux enfers ainsi qu'un pauvre immonde
Pauvre, sans la barbe faite, et pouilleux,
Et si n'étaient la lueur de ses yeux
Et la beauté de sa maigre figure,
En le voyant ainsi quiconque jure
Qu'il est un gueux et non ce héros fier
Aux dames comme aux poètes si cher
Et dont l'auteur de ces humbles chroniques
Vous va parler sur des faits authentiques.

Il a son front dans ses mains et paraît
Penser beaucoup à quelque grand secret.

Il marche à pas douloureux sur la neige,
Car c'est son châtiment que rien n'allège
D'habiter seul et vêtu de léger
Loin de tout lieu où fleurit l'oranger
Et de mener ses tristes promenades
Sous un ciel veuf de toutes sérénades
Et qu'une lune morte éclaire assez
Pour expier tous ses soleils passés.
Il songe. Dieu peut gagner, car le Diable
S'est vu réduire à l'état pitoyable
De tourmenteur et de geôlier gagé
Pour être las trop tôt, et trop âgé.
Du Révolté de jadis il ne reste
Plus qu'un bourreau qu'on paie et qu'on moleste
Si bien qu'enfin la cause de l'Enfer
S'en va tombant comme un fleuve à la mer,
Au sein de l'alliance primitive.
Il ne faut pas que cette honte arrive.

Mais lui, don Juan, n'est pas mort, et se sent
Le cœur vif comme un cœur d'adolescent
Et dans sa tête une jeune pensée
Couve et nourrit une force amassée ;
S'il est damné c'est qu'il le voulut bien,
Il avait tout pour être un bon chrétien,

La foi, l'ardeur au ciel, et le baptême,
Et ce désir de volupté lui-même,
Mais s'étant découvert meilleur que Dieu,
Il résolut de se mettre en son lieu.
A cet effet, pour asservir les âmes
Il rendit siens d'abord les cœurs des femmes.
Toutes pour lui laissèrent là Jésus,
Et son orgueil jaloux monta dessus
Comme un vainqueur foule un champ de bataille.
Seule la mort pouvait être à sa taille
Il l'insulta, la défit. C'est alors
Qu'il vint à Dieu sans peur et sans remords
Il vint à Dieu, lui parla face à face
Sans qu'un instant hésitât son audace.

Le défiant, Lui, son Fils et ses saints !
L'affreux combat ! Très calme et les reins ceints
D'impiété cynique et de blasphème,
Ayant volé son verbe à Jésus même,
Il voyagea, funeste pèlerin,
Prêchant en chaire et chantant au lutrin,
Et le torrent amer de sa doctrine,
Parallèle à la parole divine,
Troublait la paix des simples et noyait
Toute croyance et, grossi, s'enfuyait.

Il enseignait : « Juste, prends patience.
« Ton heure est proche. Et mets ta confiance
« En ton bon cœur. Sois vigilant pourtant,
« Et ton salut en sera sûr d'autant.
« Femmes, aimez vos maris et les vôtres
« Sans cependant abandonner les autres...
« L'amour est un dans tous et tous dans un,
« Afin qu'alors que tombe le soir brun
« L'ange des nuits n'abrite sous ses ailes
« Que cœurs mi-clos dans la paix fraternelle. »

Au mendiant errant dans la forêt
Il ne donnait un sol que s'il jurait.
Il ajoutait : « De ce que l'on invoque
« Le nom de Dieu, celui-ci ne s'en choque,
« Bien au contraire, et tout est pour le mieux.
« Tiens, prends, et bois à ma santé, bon vieux. »
Puis il disait : « Celui-là prévarique
« Qui de sa chair faisant une bourrique
« La subordonne au soin de son salut
« Et lui désigne un trop servile but.

« La chair est sainte ! Il faut qu'on la vénère.
« C'est notre fille, enfants, et notre mère,

« Et c'est la fleur du jardin d'ici-bas !
« Malheur à ceux qui ne l'adorent pas !
« Car, non contents de renier leur être,
« Ils s'en vont reniant le divin maître,
« Jésus fait chair qui mourut sur la croix,
« Jésus fait chair qui de sa douce voix
« Ouvrait le cœur de la Samaritaine,
« Jésus fait chair qu'aima la Madeleine ! »

À ce blasphème effroyable, voilà
Que le ciel de ténèbres se voila,
Et que la mer entrechoqua les îles.
On vit errer des formes dans les villes.
Les mains des morts sortirent des cercueils,
Ce ne fut plus que terreurs et que deuils,
Et Dieu voulant venger l'injure affreuse
Prit sa foudre en sa droite furieuse
Et maudissant don Juan, lui jeta bas
Son corps mortel, mais son âme, non pas !

Non pas son âme, on l'allait voir ! Et pâle
De male joie et d'audace infernale,
Le grand damné, royal sous ses haillons,
Promène autour son œil plein de rayons.

Et crie : « A moi l'Enfer ! ô vous qui fûtes
« Par moi guidés en vos sublimes chutes.
« Disciples de don Juan, reconnaissez
« Ici la voix qui vous a redressés.
« Satan est mort. Dieu mourra dans la fête,
« Aux armes pour la suprême conquête !

« Apprêtez-vous, vieillards et nouveau-nés,
« C'est le grand jour pour le tour des damnés. »
Il dit. L'écho frémit et va répandre
L'appel altier, et don Juan croit entendre
Un grand frémissement de tous côtés.
Ses ordres sont à coup sûr écoutés :
Le bruit s'accroît des clameurs de victoire,
Disant son nom et racontant sa gloire.
« A nous deux, Dieu stupide, maintenant ! »
Et don Juan a foulé d'un pied tonnant

Le sol qui tremble et la neige glacée
Qui semble fondre au feu de sa pensée...
Mais le voilà qui devient glace aussi
Et dans son cœur horriblement transi
Le sang s'arrête, et son geste se fige.
Il est statue, il est glace. O prodige

Vengeur du Commandeur assassiné !
Tout bruit s'éteint et l'Enfer réfréné
Rentre à jamais dans ses mornes cellules.
« O les rodomontades ridicules, »
Dit du dehors *Quelqu'un* qui ricanait,
« Contes prévus ! farces que l'on connait !
« Morgue espagnole et fougue italienne !
« Don Juan, faut-il afin qu'il t'en souvienne,
« Que ce vieux Diable, encor que radoteur,
« Ainsi te prenne en délit de candeur ?
« Il est écrit de ne tenter... personne.
« L'Enfer ni ne se prend ni ne se donne.
« Mais avant tout, ami, retiens ce point :
« On est le Diable, on ne le devient point. »

AMOUREUSE DU DIABLE

Il parle italien avec un accent russe.
Il dit : « Chère, il serait précieux que je fusse
« Riche, et seul, tout demain et tout après-demain.
« Mais riche à paver d'or monnayé le chemin
« De l'Enfer, et si seul qu'il vous va falloir prendre
« Sur vous de m'oublier jusqu'à ne plus entendre
« Parler de moi sans vous dire de bonne foi :
« Qu'est-ce que ce monsieur Félice? Il vend de quoi ? »

Cela s'adresse à la plus blanche des comtesses.

Hélas ! toute grandeur, toutes délicatesses,
Cœur d'or, comme l'on dit, âme de diamant,
Riche, belle, un mari magnifique et charmant

Qui lui réalisait toute chose rêvée,
Adorée, adorable, une Heureuse, la Fée,
La Reine, aussi la Sainte, elle était tout cela,
Elle avait tout cela.

                Cet homme vint, vola
Son cœur, son âme, en fit sa maitresse et sa chose
Et ce que la voilà dans ce doux peignoir rose
Avec ses cheveux d'or épars comme du feu,
Assise, et ses grands yeux d'azur tristes un peu.

Ce fut une banale et terrible aventure
Elle quitta de nuit l'hôtel. Une voiture
Attendait. Lui dedans. Ils restèrent six mois
Sans que personne sût où ni comment. Parfois
On les disait partis à toujours. Le scandale
Fut affreux. Cette allure était par trop brutale
Aussi pour que le monde ainsi mis au défi
N'eût pas frémi d'une ire énorme et poursuivi
De ses langues les plus agiles l'insensée.
Elle, que lui faisait? Toute à cette pensée,
Lui, rien que *lui*, longtemps avant qu'elle s'enfuit.
Ayant réalisé son avoir (sept ou huit
Millions en billets de mille qu'on liasse
Ne pèsent pas beaucoup et tiennent peu de place.)
Elle avait tassé tout dans un coffret mignon
Et le jour du départ, lorsque son compagnon

Dont du rhum bu de trop rendait la voix plus tendre
L'interrogea sur ce colis qu'il voyait pendre
A son bras qui se lasse, elle répondit : « Ça
C'est notre bourse. »

                              O tout ce qui se dépensa !
Il n'avait rien que sa beauté problématique
(D'autant pire) et que cet esprit dont il se pique
Et dont nous parlerons. comme de sa beauté,
Quand il faudra... Mais quel bourreau d'argent ! Prêté,
Gagné, volé ! Car il volait à sa manière,
Excessive, partant respectable en dernière
Analyse, et d'ailleurs respectée. et c'était
Prodigieux la vie énorme qu'il menait
Quant au bout de six mois ils revinrent.

                              Le coffre
Aux millions (dont plus que quatre) est là qui s'offre
A sa main. Et pourtant cette fois — une fois
N'est pas coutume — il a gargarisé sa voix
Et remplacé son geste ordinaire de prendre
Sans demander, par ce que nous venons d'entendre.
Elle s'étonne avec douceur et dit : « Prends tout
« Si tu veux. »

                       Il prend tout et sort.

                              Un mauvais goût

Qui n'avait de pareil que sa désinvolture
Semblait pétrir le fond même de sa nature,
Et dans ses moindres mots, dans ses moindres clins d'yeux,
Faisait luire et vibrer comme un charme odieux.
Ses cheveux noirs étaient trop bouclés pour un homme,
Ses yeux très grands, tout verts, luisaient comme à Sodome.
Dans sa voix claire et lente, un serpent s'avançait,
Et sa tenue était de celles que l'on sait :
Du vernis, du velours, trop de linge, et des bagues.
D'antécédents, il en avait de vraiment vagues
Ou pour mieux dire, pas. Il parut un beau soir,
L'autre hiver, à Paris, sans qu'aucun pût savoir
D'où venait ce petit monsieur, fort bien du reste
Dans son genre et dans son outrecuidance leste.
Il fit rage, eut des duels célèbres et causa
Des morts de femmes par amour dont on causa.
Comment il vint à bout de la chère comtesse,
Par quel philtre ce gnôme insuffisant qui laisse
Une odeur de cheval et de femme après lui
A-t-il fait d'elle cette fille d'aujourd'hui ?
Ah, ça, c'est le secret perpétuel que berce
Le sang des dames dans son plus joli commerce,
A moins que ce ne soit celui du DIABLE aussi.
Toujours est-il que quand le tour eût réussi
Ce fut du propre !

        Absent souvent trois jours sur quatre,

Il rentrait ivre, assez lâche et vil pour la battre,
Et quand il voulait bien rester près d'elle un peu,
Il la martyrisait, en manière de jeu,
Par l'étalage de doctrines impossibles.

. . . .

« *Mia*, je ne suis pas d'entre les irascibles,
« Je suis le doux par excellence, mais tenez,
« Ça m'exaspère, et je le dis à votre nez,
« Quand je vous vois l'œil blanc et la lèvre pincée.
« Avec je ne sais quoi d'étroit dans la pensée
« Parce que je reviens un peu soûl quelquefois.
« Vraiment, en seriez-vous à croire que je bois
« Pour boire, pour licher, comme vous autres chattes,
« Avec vos vins sucrés dans vos verres à pattes
« Et que l'Ivrogne est une forme du Gourmand ?
« Alors l'instinct qui vous dit ça ment plaisamment
« Et d'y prêter l'oreille un instant, quel dommage !
« Dites, dans un bon Dieu de bois est-ce l'image
« Que vous voyez et vers qui vos vœux vont monter ?
« L'Eucharistie est-elle un pain à cacheter
« Pur et simple, et l'amant d'une femme, si j'ose
« Parler ainsi, consiste-t-il en cette chose
« Unique d'un monsieur qui n'est pas son mari
« Et se voit de ce chef tout spécial chéri ?
« Ah, si je bois c'est pour me soûler, non pour boire.
« Être soûl, vous ne savez pas quelle victoire

« C'est qu'on remporte sur la vie, et quel don c'est !
« On oublie, on revoit, on ignore et l'on sait ;
« C'est des mystères pleins d'aperçus, c'est du rêve
« Qui n'a jamais eu de naissance et ne s'achève
« Pas, et ne se meut pas dans l'essence d'ici :
« C'est une espèce d'autre vie en raccourci,
« Un espoir actuel, un regret qui « rapplique ».
« Que sais-je encore ? Et quant à la rumeur publique,
« Au préjugé qui hue un homme dans ce cas,
« C'est hideux, parce que bête, et je ne plains pas
« Ceux ou celles qu'il bat à travers son extase,
« O que nenni !

.   .   .   .

                    « Voyons, l'amour, c'est une phrase
« Sous un mot, — avouez, un écoute-s'il-pleut,
« Un calembour dont un chacun prend ce qu'il veut,
« Un peu de plaisir fin, beaucoup de grosse joie
« Selon le plus ou moins de moyens qu'il emploie.
« Ou pour mieux dire, au gré de son tempérament.
« Mais, entre nous, le temps qu'on y perd ! Et comment !
« Vrai, c'est honteux que des personnes sérieuses
« Comme nous deux, avec ces vertus précieuses
« Que nous avons, du cœur, de l'esprit, — de l'argent,
« Dans un siècle que l'on peut dire intelligent
« Aillent !... »

.   .   .   .

Ainsi de suite, et sa fade ironie
N'épargnait rien de rien dans sa blague infinie.
Elle écoutait le tout avec les yeux baissés
Des cœurs aimants à qui tous torts sont effacés,
Hélas !

L'après-demain et le lendemain se passent.
Il rentre et dit : « *Altro !* Que voulez-vous que fassent
« Quatre pauvres petits millions contre un sort ?
« Ruinés, ruinés, je vous dis ! C'est la mort
« Dans l'âme que je vous … dis. »

Elle frissonne
Un peu, mais *sait* que c'est arrivé.

— « Ça, personne,
« Même vous, *diletta*, ne me croit assez sot
« Pour demeurer ici dedans le temps d'un saut
« De puce. »

Elle pâlit très fort et frémit presque,
Et dit : « Va, je sais tout. »—« Alors c'est trop grotesque
Et vous jouez là sans atouts avec le feu.
— « Qui dit non ? » — « Mais JE SUIS SPÉCIAL à ce jeu. »
— « Mais si je veux, exclame-t-elle, être damnée ? »
— « C'est différent, arrange ainsi ta destinée,
« Moi je sors. »—« Avec moi ! »—« Je ne puis *aujourd'hui*. »
Il a disparu sans autre trace de lui
Qu'une odeur de soufre et qu'un aigre éclat de rire.
Elle tire un petit couteau.

                    Le temps de luire
Et la lame est entrée à deux lignes du cœur.
Le temps de dire, en renfonçant l'acier vainqueur :
« A toi, je t'aime ! » et la JUSTICE la recense.

Elle ne savait pas que l'Enfer c'est l'absence.

TABLE

JADIS ET NAGUÈRE

JADIS

VERS JEUNES

A LA MANIÈRE DE PLUSIEURS

NAGUÈRE

ÉVREUX, IMPRIMERIE DE CHARLES HÉRISSEY

9 782329 807171